D1751706

DOLOMITEN

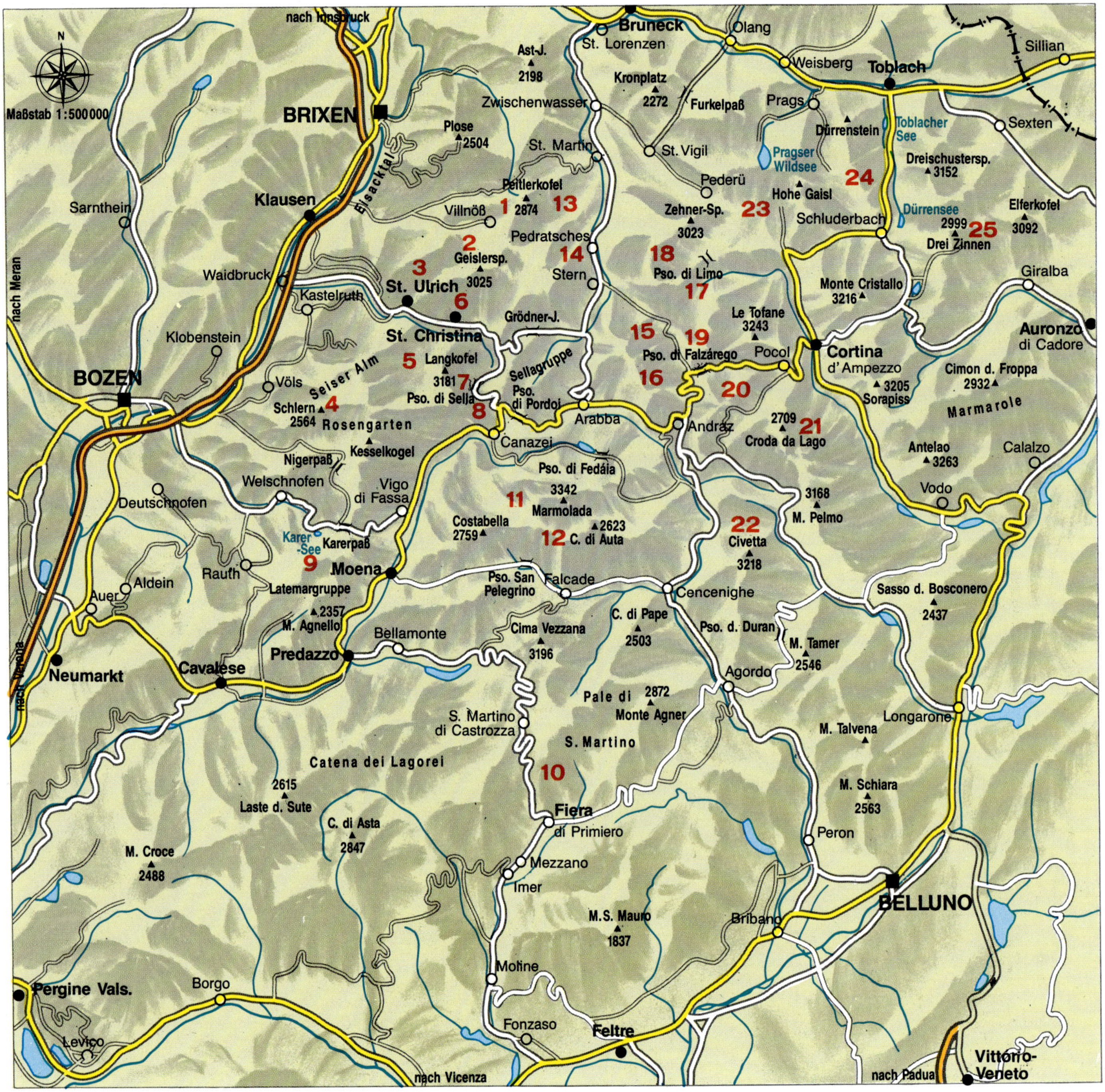

nach Innsbruck
Maßstab 1:500000
BRIXEN
Plose 2504
Eisacktal
Klausen
Sarnthein
Villnöß
Peitlerkofel 2874
Geislersp. 3025
Waidbruck
St. Ulrich
Kastelruth
St. Christina
Klobenstein
Langkofel 3181
Seiser Alm
Völs
BOZEN
Schlern 2564
Rosengarten
Pso. di Sella
Kesselkogel
Nigerpaß
Welschnofen
Vigo di Fassa
Deutschnofen
Karer-See
Karerpaß
Rauth
Moena
Aldein
Auer
Latemargruppe
2357 M. Agnello
Predazzo
Neumarkt
Cavalese
nach Meran
nach Verona
Bellamonte
Bruneck
Olang
St. Lorenzen
Ast-J. 2198
Kronplatz 2272
Furkelpaß
Zwischenwasser
St. Martin
St. Vigil
Pedratsches
Stern
Grödner-J.
Sellagruppe
Pso. di Pordoi
Arabba
Canazei
Pso. di Fedáia
3342 Marmolada
Costabella 2759
2623 C. di Auta
Pso. San Pelegrino
Falcade
Cima Vezzana 3196
S. Martino di Castrozza
Catena dei Lagorei
2615 Laste d. Sute
C. di Asta 2847
M. Croce 2488
Fiera di Primiero
Mezzano
Imer
Pale di Monte Agner 2872
S. Martino
M.S. Mauro 1837
Moline
Fonzaso
Feltre
Borgo
Pergine Vals.
Levico
nach Vicenza
Welsberg
Toblach
Sillian
Prags
Dürrenstein
Toblacher See
Sexten
Pragser Wildsee
Pederü
Zehner-Sp. 3023
Hohe Gaisl
Schluderbach
Dreischustersp. 3152
Dürrensee
Elferkofel 3092
2999 Drei Zinnen
Pso. di Limo
Monte Cristallo 3216
Giralba
Le Tofane 3243
Pso. di Falzárego
Pocol
Cortina d'Ampezzo
Auronzo di Cadore
3205 Sorapiss
Cimon d. Froppa 2932
Marmarole
Andraz
2709 Croda da Lago
Antelao 3263
Calalzo
Vodo
3168 M. Pelmo
Civetta 3218
Cencenighe
C. di Pape 2503
Pso. d. Duran
M. Tamer 2546
Sasso d. Bosconero 2437
Agordo
Longarone
M. Talvena
M. Schiara 2563
Peron
BELLUNO
Bribano
nach Padua
Vittorio-Veneto
1 2 3 4 5 6 7 8 9 10 11 12 13 14 15 16 17 18 19 20 21 22 23 24 25

Werner Neumayer

WANDERUNGEN IN DEN DOLOMITEN

Bilder, Erlebnisse und Gedanken am Weg

Verlag J. Berg

Titelbild: Die Drei Zinnen von der Strudelalm.
Foto: Werner Neumayer

Umschlaggestaltung: Wolfgang Lauter

Bildnachweis: Alle Aufnahmen stammen vom Autor.

Kartenskizzen: Landkartentechnik Klaus Becker, Gernlinden,
in Zusammenarbeit mit dem Ingenieurbüro
für Kartographie A. Sommer, München.

ISBN 3-7634-1037-6
© Verlag J. Berg
München 1991
Gestaltung: Helmut Krämer
Lithographie: Lana-Repro, Lana
Druck: Mairs Graphische Betriebe, Ostfildern
Bindung: Spiegel, Ulm
Printed in Germany

Inhalt

Vorwort 7
Start in Gröden 8
Erstbegehung 9
Seiser Alm – Erholung für die Sinne 10
Der Langkofel 12
Weit ist der Weg 14
Am Würzjoch 16
Zwei Gesichter der Seceda 17
Traumbilder. Auf dem Weg zur Puezhütte . . 20
Am Grödner Joch 21
Die Sella und die Ladiner 22
Rummel und Ruhe am Sellajoch 23
Dreierlei Namen 24
Gadertaler Höfe 25
Wallfahrtsort Heiligkreuz 26
Pralongia, grenzenlose Weite 28
Naturbühne Fanes 31
Fanes, riesiger Steingarten 32
Aussichten am Lagazuoi 36
Großraum Falzarego 37
Sennesalm 38
Plätzwiesengeschichten 39
Morgen auf Plätzwiesen 43
Die Strudelalm. Der Gipfel! 46
Zimmer mit Aussicht 50
Auf der Bödenalpe 52
Drei Zinnen 56
Schauspiele am Paternsattel 58
Kunstwerke am Pian di Lavaredo . . . 59
Antornosee 62
Das Fahrerlebnis: Monte Piano 63
Monte Piano bei Halbschuhwetter . . . 64
Phantasiegebilde am Passo Tre Croci . . 65
Cinque Torri 66
Federa. Eine Ruhe ist 68
Wetterwendischer Passo Giau 70
„Chiuso!" Campi di Rutorto 71
Die Civetta 72

Steinschlag am Passo Duran	73
Geräuschkulisse im Val Pradidali	74
Die Pala	75
Die Königin	76
Aufstieg zur Contrinhütte	78
Passo Ombretta und höher	80
Das Vajolettal	82
Am Karersee	83
Die Nacht am Schlern	84

Wandertouren in den Dolomiten … 86

1	Herrensteige, Villnöß	90
2	Ranui – Gschnagenhardtalm – Broglesalm	92
3	Broglesalm – Raschötz	94
4	Bad Ratzes – Schlern	96
5	Seiser Alm	98
6	Wolkenstein – Pic	100
7	Steinerne Stadt – Ciavazes	102
8	Val Salei	104
9	Karersee – Latemar	105
10	Val Pradidali	107
11	Penia – Contrin	109
12	Rifugio Contrin – Rif. Falier (– Malga Ciapela)	110
13	Campill – Kreuzkofeljoch	112
14	Campill – Pedraces	114
15	St. Kassian – Pralongia	116
16	Pralongia – Siefsattel – Passo Valparola	118
17	Capanna Alpina – Klein-Fanes-Alm	120
18	La-Varella-Hütte – Paromsee	122
19	Capanna Alpina – Lagazuoi	124
20	Falzarego – Rifugio Cinque Torri	126
21	Passo Giau – Rifugio Palmieri	128
22	Casere di Pioda – Rifugio Tissi	132
23	Ra Stua – Rifugio Fodara Vedla	134
24	Plätzwiesen – Strudelköpfe	136
25	Drei-Zinnen-Runde	138
Literatur		142
Register		143

Vorwort

Ursprünglich sollte mein Dolomitenbuch ja kein Wanderführer werden. Nun ist es doch zur Hälfte ein solches Wanderbuch mit konkreten Hinweisen einerseits und mit der Niederschrift ganz privater, subjektiver Gedanken und Erlebnissen andererseits geworden. Vielleicht regt dieses Buch dazu an, den eigenen Weg zu suchen, im Gelände, sich dabei eigene Gedanken zu machen und ihnen freien Lauf zu lassen angesichts dessen, was man mit seinen Sinnen erfaßt in einer Landschaft, die ja nicht nur aus unberührter Natur besteht.

Diesem Zweck dienen auch die Bilder dieses Buches. Sie sind subjektiv wie jedes Bild, zeigen sie doch nur einen Ausschnitt der Wirklichkeit, falls es so etwas überhaupt gibt. Zugegeben, hätte ich die Kamera das eine oder andere Mal nur ein wenig geschwenkt oder ein anderes Objektiv benützt, hätte ich einen anderen Standort gewählt, so wäre die eine oder andere Straße, Seilbahn, Wellblechbaracke, Betonhütte, Mülldeponie, und was es sonst noch an unerwünschten Anblicken gibt, mit im Bild erschienen. Dazu ist mir jedoch mein Filmmaterial zu schade und sowieso immer zu knapp. Ein Foto ist also an sich schon eine Manipulation, aber der Mensch ist ja auch ohne Kameraobjektiv vor dem Auge durchaus in der Lage, sich ganz subjektiv einen Ausschnitt der Realität zur Betrachtung zu wählen und nur zu sehen, was er sehen will.

Und dennoch. Wenn man seinen Standort mit Bedacht wählt, kann man die Dolomiten immer noch so wie hier gezeigt erleben. Es gibt sie noch, diese verschwiegenen Plätze, die einen mit unvergeßlichen Eindrücken erfüllen, die wahre Schönheit der Natur. Sie gilt es zu schützen!

Werner Neumayer

Start in Gröden

Die Langkofelgruppe über der Seiser Alm.

Richtig, auch jeder andere Ort wäre geeignet als Ausgangspunkt für unsere gemeinsame Wanderung durch die Dolomiten. *Mein* erster Berührungspunkt mit dieser Weltgegend war, wenn auch nur flüchtig, das Höhlensteintal. Wir kamen von der Glocknerstraße nach Toblach und wollten noch ein paar „Pässe sammeln", weil uns damals das Autofahren noch Spaß machte. Lang ist's her. Die steilen Felsen unmittelbar links und rechts der Straße machten einen gewaltigen, wenn auch vorerst nicht nachhaltigen Eindruck auf mich. Rasch fuhren wir weiter. Falzarego, Pordoi, und schon waren wir durch. Erst einige Jahre später kamen wir wieder in die Dolomiten. Diesmal zum Skifahren und das erste Mal nach Gröden. Von da an haben mich diese Berge nicht mehr losgelassen. So stand Gröden zwar nicht ganz am Anfang dieser Leidenschaft, doch von hier aus habe ich dann angefangen, mir „meine" Dolomiten zu erschließen. Für mich, einen Berliner, den es – das sei betont – schon vor Jahrzehnten nach Bayern verschlagen hat, ist es immer wieder ein Erlebnis, ins Grödnertal zu fahren und kurz vor St. Peter den Gipfel des Langkofels aus den Wäldern ragen zu sehen. „Schau, da spitzt er raus, der Lange"; ist der Spruch, den sich meine Frau nun seit Jahren anhören muß (sie tut es gern). Für mich „Entwurzelten" stellt sich mit diesem Anblick fast so etwas wie das Gefühl von Heimat ein.

Gröden ist aus verschiedenen Gründen ein geeigneter Platz zu einem Start in die Dolomiten. Seine Umgebung bietet in engem Umkreis die Möglichkeit, eine ganze Reihe von Berggruppen zu erkunden, und auf den Aussichtsterrassen hoch über dem Tal kann man sich in Ruhe eingehen und akklimatisieren. Wer trotzdem Sehnsucht nach heimatlicher Luft verspürt und den Stachus, ähnlich wie die „Wurstel con Crauti" anderswo, nicht missen möchte, der kann sich auf der belebten Hauptstraße in St. Ulrich schnell wieder wie zu Hause fühlen. Die Wahl fiel aber auch deshalb auf Gröden, weil sich von hier aus eine gewisse logische Linienführung der Dolomitenwanderung, wie sie in den folgenden Kapiteln beschrieben wird, ergibt, auch wenn sich diese Linie, wie es in der Natur eines Bergpfades liegt, zuweilen ein wenig schlängelt. Also, auf geht's!

Erstbegehung

Die ganze Wanderei begann wenig erfreulich. Mit unseren nagelneuen „Leichtbergschuhen" (so hießen diese damals noch, bevor aus Wanderern „Trekker" wurden) wollten wir von St. Christina aus in Richtung Saltner Schwaige marschieren. Alles „by fair means", versteht sich, schließlich hat man auch als Anfänger seinen Ehrgeiz. Den Sessellift zum Monte Pana ignorieren wir. Es ist September 1981, als wir unsere allererste Dolomitenwanderung beginnen. Zunächst auf einer geteerten Straße. Das kommt uns noch bekannt vor, und wir sind frohen Mutes. Am Monte Pana wechselt der Straßenbelag in trockenen Sand und Kies. Rasch verstauben die Schuhe. Ungeduldig treibt es mich vorwärts. Am liebsten möchte ich heute – an einem Tag – die gesamten Dolomiten durchlaufen. Wer weiß, wie morgen das Wetter wird, wer weiß, wie viele Tage uns zum Wandern überhaupt noch bleiben. Hinter mir werden Unmutsäußerungen laut: „Wart doch mal", heißt es, und: „Laß uns doch mal Pause machen". Allmählich steht uns der Schweiß auf der Stirn, die Schuhe drücken. Eigentlich müßten wir doch bald da sein, wo wir doch so eilig vorwärtshasten, kaum mal links oder rechts schauen. Endlich erreichen wir die Saltner Schwaige, erschöpft und abgekämpft. Wir werfen unsere guten Vorsätze mitsamt ein paar Lira über Bord und nehmen den Lift zum Zallinger. Jetzt gibt's erstmal was zwischen die Zähne. Bloß raus aus den Schuhen, die kratzigen Socken abgestreift, Blasen begutachten. Dann aber gleich weiter, schließlich müssen wir um sieben Uhr zum Abendessen erscheinen. Das Halbpensionsritual hat strenge Regeln. Also werden die schafwollbesockten Füße wieder in die Wanderschuhe gepreßt, und ab geht's!

Anstatt auf meine Frau zu hören und, so gemütlich wie es die nunmehr doppelt so dick scheinenden Füße eben zulassen, über die Wiesen zum Confinboden zurückzuwandern, muß ich unbedingt noch den Plattkofel ganz aus der Nähe sehen. Also rauf zum Stradalweg. Plötzlich, von einem Schritt zum anderen, beginnt das rechte Knie zu schmerzen und hält keine Belastung mehr aus. Bänderzerrung. Linken Fuß vorsetzen, rechten Fuß nachziehen, so taste ich mich mühsam die Langkofelscharte hinunter. Der Ausflug wird zur Tortur. Bei jedem Schritt in Richtung Monte Pana beherrscht mich der Gedanke: „Hoffentlich geht der Lift noch." Er ging. Wir haben uns seitdem mehr Zeit gelassen.

Seiser Alm – Erholung für die Sinne

Morgennebel über der Seiser Alm.

Hat man erst den Lärm des Tales hinter sich gelassen, den Dieselgestank aus den Kleidern geklopft und sich ein paar Schritte von der Seilbahn oder dem Parkplatz entfernt, dann ist man in einer anderen Welt. Freilich ist die Seiser Alm durch Straßen und andere „Aufstiegshilfen" überreichlich erschlossen. Aber nicht verzagen: ein Blick in die Runde offenbart eine Menge Alternativen zum Massenerlebnis. Dieses Gebiet ist so riesig, daß jeder – wenn er will – einen Platz findet, an dem er ungestört für sich sein kann.

Schon sehr bald nach unserer anfänglichen Begegnung mit den eigenen Grenzen haben wir *unseren* Weg gefunden, die Dolomiten zu erschließen. Nach weniger anstrengendem und langem Aufstieg wird ein Platz angesteuert, der Einsamkeit für einen ganzen Tag verspricht. Von diesem Fixpunkt aus lassen wir die Umgebung auf uns wirken, von hier aus werden die nächsten Ziele erkundet und so die Kreise der Entdeckungen immer weiter gezogen, ohne jede Hast und Hektik.

So auch hier auf der Seiser Alm. Nach einer knappen Stunde Gehzeit ist der Platz gefunden, der Rucksack versinkt im hohen Gras. Isomatte und Decke werden ausgebreitet, und schon wird's gemütlich. Vintschgerl und Speck, Thermosflasche mit kalter Milch werden ausgepackt, die Getränkedosen ins kühle Bachbett gelegt. Bücher, Karten, Fotosachen sind griffbereit, und vor, während und nach der Brotzeit wandert der Blick immer wieder hinüber zum Langkofel links und rechts zum Schlern. Ein wunderschöner Rahmen für ein Mittagsmahl. Danach ist Zeit, die Umgebung zu erkunden. Die weitere mittels Fernglas und die nähere mit der Nase mehr oder weniger knapp über dem Boden. Ameisen zuschauen, wie sie sich durch den Grasdschungel kämpfen, Steine begutachten, gut versteckte Blechdosen und Plastiktüten in hohlen Baumstümpfen finden, Karten studieren, fotografieren. Zwischendurch immer wieder auf die Decke – ein wenig dösen, die Gedanken spazierengehen lassen. Hummeln brummen von einer Silberdistelblüten-Bar zur nächsten, die Sonne brennt im Gesicht, heißer Kaffee wird serviert. So läßt sich's aushalten! So vergeht der Tag wie im Flug.

Abends färbt sich der Himmel im Westen, der Schlern erscheint als Schattenriß.

Morgen können wir immer noch auf den Schlern steigen.
Wenn auf diesem Weg nur nicht die Proßliner Schwaige stehen würde. Da sitzen vier Münchner, mit denen man plötzlich unbedingt „watten" muß. Speck und Brot werden aufgetischt, dem Wirt geht der Rotwein einfach nicht aus und es wird später und später.
Da muß der Schlern eben noch ein bißchen warten!

Der Langkofel

Zweimal Langkofelgruppe: Von der Raschötz gesehen fast schwerelos im Dunst schwebend, und von der Seiser Alm als schwarzer Klotz vor flammendem Himmel.

Wasser und Frost haben am Gipfel riesige rechtwinklige Blöcke abgespalten. In Theben oder Cuzco hätte man sie als Baumaterial gut gebrauchen können, fertig behauen vom Wetter. Man hat es dort aber vorgezogen, Sklaven diese Arbeit verrichten zu lassen, und so harren diese Klötze hier seit Jahrtausenden darauf, abtransportiert zu werden. Eines Tages werden sie ins Villnößtal hinunterdonnern. Jetzt weiden noch friedlich Schafe um sie herum auf der Raschötzalm.

Auch von hier oben beherrscht die Langkofelgruppe das Blickfeld, klotzig und filigran zugleich. Aus dem Morgendunst, der das Tal mit all seiner Hektik unter einem Schleier versteckt, taucht dieser wuchtige Koloß empor. Auch wenn es sonst schwer vorstellbar ist, in diesem Augenblick gelingt es zu glauben, daß einst in Urzeiten nur die Spitzen als Kamm eines Atolls aus dem Wasser eines warmen Meeres geragt haben.

Man hat den Langkofel mit einer gotischen Kathedrale verglichen. Ich weiß nicht, dies würde heißen, daß er ebenso vergänglich ist wie der Kölner Dom, der, schneller als er repariert werden kann, im sauren Regen zerbröselt. Gewiß, auch der Langkofel ist nicht ewig. Das Trümmerwerk der Steinernen Stadt zu seinen Füßen und der Knall des Steinschlags aus seinen Wänden belegt, sicht- und hörbar, daß auch er zerfällt. Aber der Langkofel wird noch lange stehen, wenn vom Kölner Dom nur noch der Platz übriggeblieben ist, auf dem er gestanden hat.

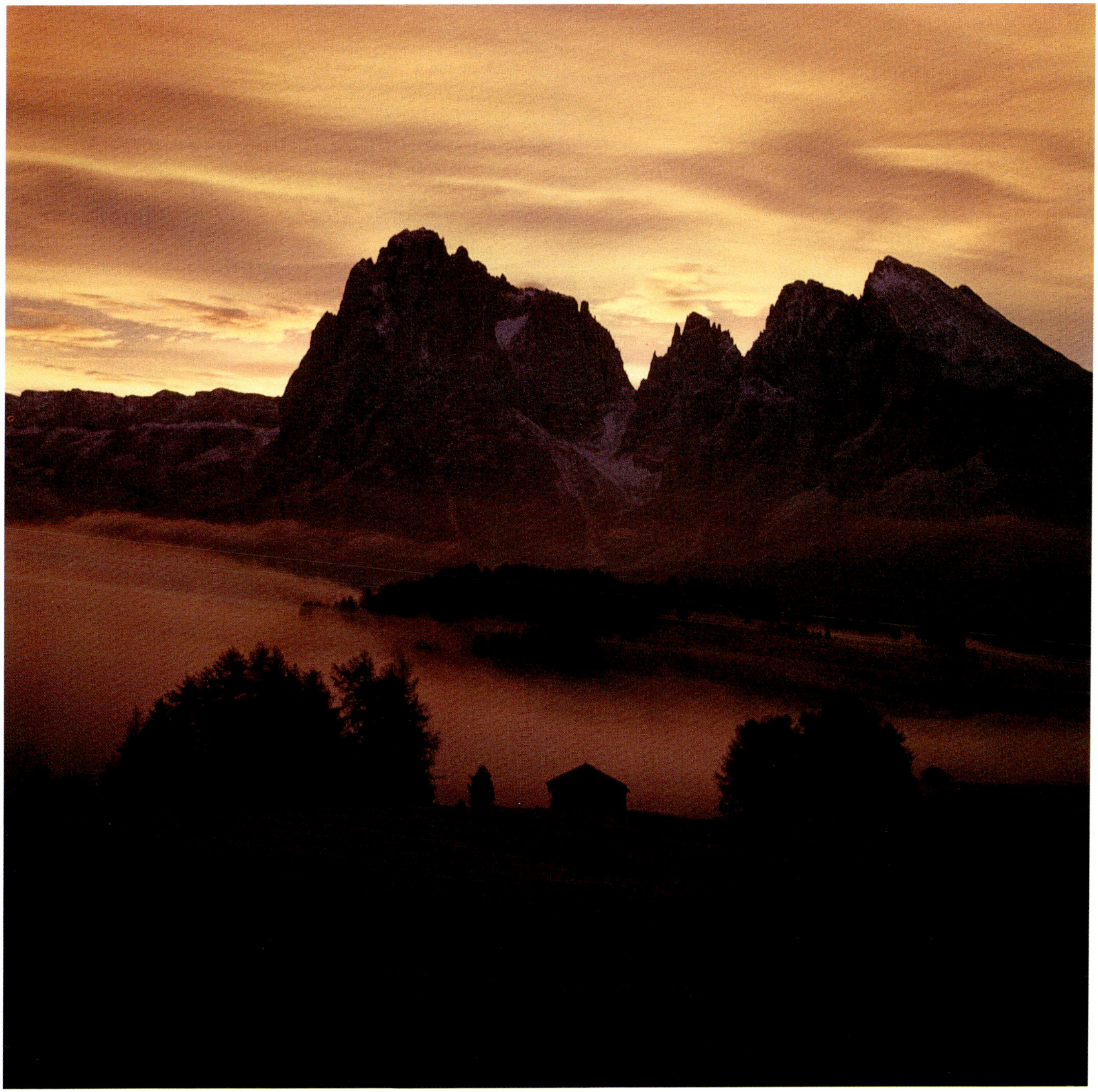

Weit ist der Weg

Man kann die Gschnagenhardtalm leicht von der Broglesalm erreichen oder auch vom Eisack her durch das Villnößtal, (fast) von ganz unten.

An einem strahlend blauen Julitag habe ich mich auf den Weg gemacht.

Um sieben Uhr morgens läßt Harald den Lkw auf den Parkplatz neben der Eisack-Brücke bei Klamm rollen und hält an. Heraus springe ich, und mir nach segelt der Rucksack. Harald fährt weiter ins Eggental, Porphyr holen. Ich lade mir die 15 Kilo Rucksack auf die Schultern meiner untrainierten 60 Kilo Lebendgewicht und springe übermütig und (noch) leichtfüßig über die Brücke ins Villnößtal. Ich will allein vier Wochen kreuz und quer durch die Dolomiten gehen. Für jemanden, der täglich mit Achttausendern ringt, ist das sicher nicht aufregend, für mich ist es Abenteuer genug. Schon auf dem Weg nach Teis, steil durch den Wald hinauf, kommen mir die ersten Zweifel. Um halb acht Uhr ist es schon so heiß, daß mir der Schweiß in Bächen über die Stirn fließt. Ob ich das vier Wochen aushalte? In Teis ist von Teiser-Kugeln weit und breit nichts zu sehen, egal – der Rucksack drückt so schon genug. Zu Hause war er doch gar nicht so schwer, oder? In St. Valentin kann ich mich an herrlich kühlem Brunnenwasser erfrischen. Ein Stück Weges weiter sehe ich sie zum ersten Mal aus dem Dunkelgrün der Wälder in den dunstigen Himmel ragen, die Geislerspitzen, mein Ziel für diesen Tag.

Kurze Rast in St. Magdalena, und über Ranui geht's weiter. Die kleine Kirche steht verlassen in der Wiese, darüber thronen Furchetta und Sass Rigais. Symbolhaft dieses Bild! Unendlich zieht sich der Schotterweg zur Gschnagenhardtalm, jede Menge Fliegen schwirren um mich herum, setzen sich auf die Haut und laben sich an dem salzigen Saft, der aus meinen Poren fließt. Sie pausenlos abschütteln kostet noch zusätzlich Kraft. Ich muß an Hitchcocks Vögel denken.

Dann bin ich endlich oben, setze mich völlig erschöpft auf die Bank vor der Hütte. Obwohl ich mir vorgenommen hatte, es langsam angehen zu lassen, hat mein Ehrgeiz wieder voll zugeschlagen. Die Salami schmeckt, als läge sie schon wochenlang im Rucksack. Erst ein paar Gläser Milch bringen meinen Kreislauf wieder auf Touren. Jetzt erst kann ich die großartige Kulisse genießen. Die Sonne strahlt in die Nordwände der Geislerspitzen, der Himmel ist immer noch blau und wolkenlos, die Gschnagenhardt-Wiese blumenübersät.

Aus dem Fenster meiner Kammer, neben dem Kuhstall, entlasse ich die Fliegen, es ist mir egal, wie schmutzig mein „Bett" ist, auf Übernachtungsgäste ist man hier eigentlich nicht eingerichtet. Ich rolle mich in meinen Schlafsack, lausche noch kurz den Lebensäußerungen der Wiederkäuer im „Zimmer" nebenan, dann sacke ich weg.

Am Würzjoch

Der massige Peitlerkofel, nordwestlicher Außenposten der Dolomiten.

Unmittelbar aus den grünen Kompatschwiesen scheint dieser blendendweiße Felskoloß zu wachsen. Der Peitlerkofel, fest verankert im Boden. Vom Würzjoch aus gesehen wirkt er plötzlich gar nicht mehr so fest verwachsen mit seinem Untergrund. Vielmehr muß man befürchten, er stürzt irgendwann in den riesigen, grau- und rotgebänderten Krater zu seinen Füßen, an dessen Rand jetzt waghalsige Lärchen mühsam ihr Gleichgewicht halten. Bis dahin allerdings bietet sich noch genügend Zeit – hoffentlich –, vom gegenüberliegenden grünen Hügel des Kurtatsch die prächtige Aussicht zu genießen und in den Wiesen schön gefärbte und geformte Steine zu finden, die halb im Erdreich stecken. Miniaturausgaben ihres großen Gegenübers.

Zwei Gesichter der Seceda

Oft schon war ich hier oben auf der Aschkler-, der Mastlè-, der Troier- und der Cislesalm, die zusammen die weiten Wiesengründe auf dem Südabfall des Secedastockes und unter den Wänden der Geislerspitzen ausmachen. Im Winter, im Sommer und im Herbst. Bei Schnee, bei Regen oder wolkenlosem Himmel. So steht der Name Seceda für viele Eindrücke, gesammelt im Laufe vieler, immer zu kurzer Besuche.

Wenn ich an die Seceda denke, fällt mir der laute Skibetrieb im Winter ein, die Liftanlagen, die dann in der schneefreien Jahreszeit so scharf die Wiesen und den Himmel zerschneiden. Ich denke an Leute, die ihren Lift nicht fünf Minuten länger laufen lassen konnten, obwohl offensichtlich war, daß der zittrige alte Herr, der wie wir zu spät die Bergstation erreichte, den Abstieg nicht schaffen würde. Nachdem er mehrmals gestürzt war, haben wir ihn dann halb hinunter getragen, bis wir einen Jeep organisieren konnten. Ich denke an die brechend vollen Hütten, die trotzdem, ihres Alters und ihrer Wellblech-Abstinenz wegen, so gemütlich sind. Ja, die Hütten auf der Seceda sind ein Kapitel für sich. So viele private Datschas wie hier gibt es sonst nirgends in den Dolomiten. Mit Sonnenkollektoren und Windrädern auf dem Dach harren sie, hermetisch verbarrikadiert, der wenigen Tage, an denen sie benützt werden.

Aber so, wie die Natur den wilden, steilen Felsabbruch auf der Nordseite und die sanft abfallenden Blumenwiesen auf der Südseite geschaffen hat, so haben auch viele Dinge aus Menschenhand zwei Gesichter. Da setzen wir uns vor so eine Hütte an den Tisch unter dem Vordach, das uns Schatten spendet, und machen ausgiebig Brotzeit. Unter uns spiegelt sich der Himmel im Lech Sant. Darüber steht die Sella, breit und wuchtig. Der nahe Bach hält unsere Getränke herrlich kühl, und drüben am Pic quert ein Rudel Gemsen eine Geröllrinne. Vorgänger, die glaubten, uns mittels eingeritzter Inschrift sagen zu müssen, daß auch sie schon an diesem Tisch saßen, sind lange weg.

Erst gegen Abend steigen wir ab, vorbei an kleinen Seen, über Bäche und durch sumpfige Wiesen. Da findet sich – wieder einmal – ein Relikt der letzten Skisaison, das jemand, vermutlich während eines dreifachen Saltos, verloren und nicht wiedergefunden hat, weil er bis zur Schneeschmelze nicht warten konnte. Die Seceda ist auch ein vortrefflicher Ort, seinen Bestand an Sonnenbrillen zu erweitern.

Zur folgenden Doppelseite:
Über dem zirbenumstandenen Lech Sant, dem heiligen See auf der Aschkler Alm, erheben sich jenseits des Grödner Tals die Nordwestwände der Sellagruppe. Fast jeder einzelne, oft wenig ausgeprägte Gipfelzacken ist benannt. Vom Pizkofel und Boèseekofel über Cima Pisciadù, Sass dal Lec, die Gamsburg und die Meisules, Piz Beguz und Piz Miara bis zum Piz Gralba. Ein grandioses Wahrzeichen Ladiniens.

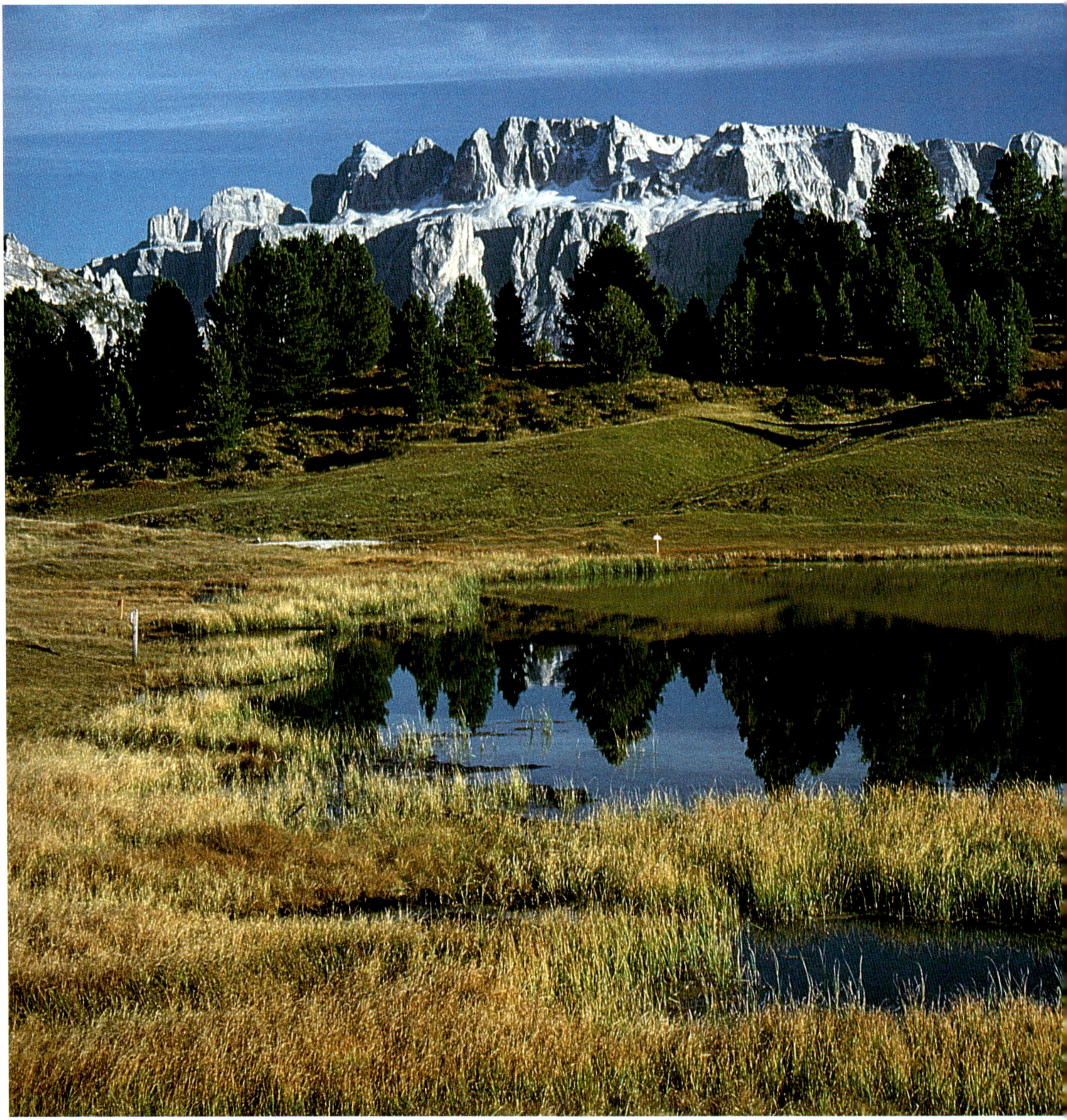

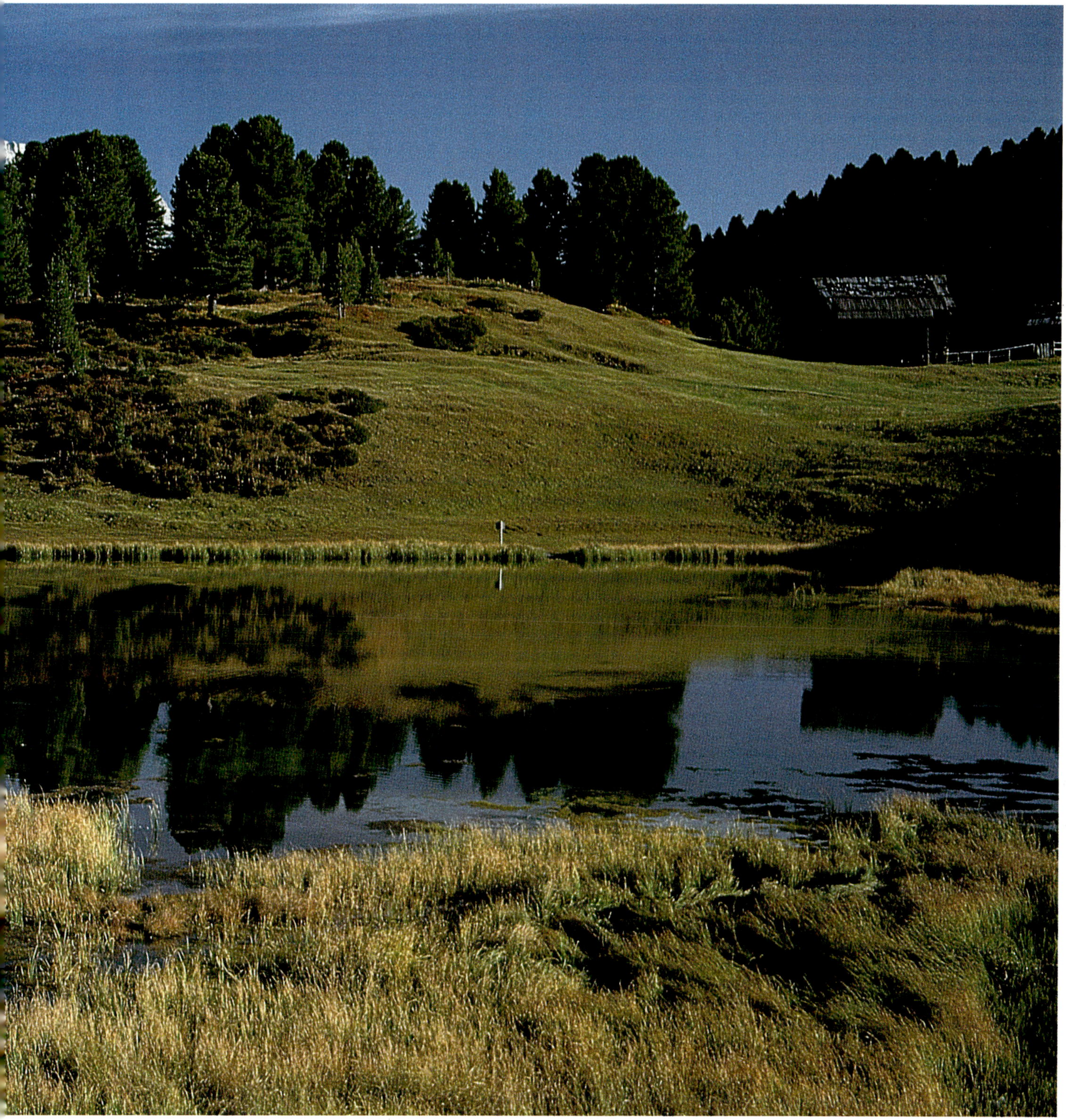

Traumbilder. Auf dem Weg zur Puezhütte

Schafe vor dem Puezkofel.

Einen weiteren, bis zur Pra da Ri zuweilen recht lauten Genußweg bietet von Gröden aus das Langental in der Puezgruppe. Vorbei an der Ruine Wolkenstein, die wie ein Schwalbennest an der überhängenden Wand der Steviola klebt, wandert man gemütlich durch das grandiose, vom Eis ausgehobelte Tal. Durch lichten Wald, über ausgedehnte Wiesen, mitten durch Schafherden, so lange, bis man das Wasser des Baches wieder fließen sieht, der die ganze Zeit unterirdisch verborgen den Weg begleitet hat. Ein Spaziergang – aber nur wenn man unten bleibt!

Der Weg zur Puezhütte zieht sich endlos. Die mittägliche Sonne trocknet mich aus, der feine, lose Schotter auf dem trockenen, harten Untergrund des Weges bietet den Sohlen wenig Halt. Zwei Schritt vor, einer zurück. Der Rucksack ist bleischwer, alles was an Flüssigkeit im Proviant war, ist längst ausgetrunken und wieder ausgeschwitzt. Kein Rinnsal weit und breit!
Endlich erreiche ich die Hochfläche. Da gaukelt mir mein ausgedörrtes Gehirn eine Fata Morgana vor. Den ganzen Tag war mir niemand begegnet. Jetzt kommt mir eine Gruppe uralter, zaundürrer Gestalten entgegen, in khakifarbenen Hemden und khakifarbenen Shorts, die weiße, faltige Knie über khakifarbenen Kniestrümpfen freilassen. Nur der Tropenhelm fehlt. Auf khakifarbenen Rucksäcken sind australische Fahnen genäht. Im Vorbeigehen werde ich auf englisch begrüßt. Und ich dachte schon, die wären einem Stummfilm entsprungen.
Endlich taucht die Puezhütte auf. Ein Regenschauer kühlt Luft und Gedanken ab.
Zarte, winzige weiße Blumen blühen neben einem Rest von Schnee, der ihnen, von der Julisonne angegriffen, Wasser spendet. Über ausgebleichtem, verkarstetem Kalkplateau erheben sich graurosa Schuttkegel, eigenartig faszinierend.
Bis Mitternacht donnert der Generator unter dem Fenster, meine Zimmergenossen träumen ächzend und glucksend von der Waterkant, das Frühstück ist miserabel.

Am Grödner Joch

Ja, selbst hier so nahe an der Paßstraße lassen sich ruhige Plätze finden, die prächtige Ausblicke bieten. Man sieht sich die Karte genau an, meidet die dick rot durchgezogenen Linien, die blauen Dreiecke, und schon nach wenigen Minuten ist man allein. Die Straße verschwindet wie ein grauer Wurm in der Tiefe, ist unter den herbstlich gelbgrünen Wiesen von Ciampac nur noch zu ahnen. Die Karawane windet sich zum Cirjoch hinauf. Wir warten ab, bis die Abendsonne die Nordwände der Sella erreicht.

Die Silhouette der Sella über dem Grödner Joch.

Die Sella und die Ladiner

„Gralsburg Ladiniens"!? Bei Gralsburg fällt mir immer Obersalzberg ein.

Zugegeben, man kann die Gestalt der Sella mit einer Burganlage vergleichen. Hohe, senkrechte Mauern, zwei riesige Stockwerke in breiter Front. An den Eingangspforten, dem Val Mesdi und dem Val Lasties, stehen mächtige Türme. Ein gewaltiges, ein eindrucksvolles Bild zwischen Grödner und Sellajoch.

Ich möchte hier keine Schönheitswertung vornehmen, denn dazu habe ich zu viele Favoriten. Und jeder mag es so sehen wie er will, aber etwas Besonderes in den Dolomiten ist die Sella schon. Nicht nur wegen ihrer Tafelbergform, sondern auch als geographischer Knotenpunkt und – wenn man so will – als Wahrzeichen der umliegenden Talschaften.

In den Tälern, die vom Sellastock ausgehen, in Gröden, Abtei, Buchenstein und Fassa leben – nicht ausschließlich – Ladiner, der Rest eines alten Bergvolkes mit eigener Kultur. Neben Deutsch und (oder) Italienisch wird mehr oder weniger die alte ladinische Sprache gepflegt. Gerade in unserer Zeit besinnt man sich wieder – aus verschiedenen Gründen – auf die althergebrachten Traditionen. Das heißt nun aber nicht, daß die Ladiner rückständige Leute wären. Im Gegenteil. Zwar gibt es noch einige wenige Höfe hoch oben, an denen die moderne Zeit bis jetzt fast spurlos vorübergegangen ist, wo das Leben immer noch harter Kampf mit der Natur ist, keineswegs eine beschauliche Idylle.

Im Tal unten aber ist's geschäftig fortschrittlich, da dient man dem Götzen Massentourismus. Hier ist die traditionelle Kultur, so gern sie auch sonst – vorzugsweise in Form blechblasender Trachtenumzüge – völkerverbindend zur Schau gestellt wird, in Form der Sprache ein vorzügliches Mittel, um aus dem kurz weilenden Gast jederzeit bei Bedarf wieder einen Fremden zu machen.

Diesem Fremden kommt es zuweilen seltsam vor, daß gerade dann, wenn eine Unterhaltung interessant zu werden beginnt, wenn man sich gerade auf den ständigen Wechsel zwischen Italienisch und Tiroler-Deutsch eingehört hat, die Unterhaltung schlagartig ins Ladinische wechselt. Aus und vorbei! Nie wird man erfahren, was – vielleicht über einen selbst – gerade zum besten gegeben wird.

Rummel und Ruhe am Sellajoch

Scheinbar verlassen, im Urzustand: die Sellatürme über Ciavaces.

Was soll man dazu sagen, zumal als Pistenskifahrer, der man selbst ist? Umklammert von Drahtseilen der Langkofel und die Sellatürme. Zerschunden von unzähligen Stahlkanten die dünne Grasnarbe. Zerschnitten vom grauen Asphalt-Lindwurm der Paß. Die Luft verpestet auf dem Joch. Eine Hütte ungemütlicher als die andere. Was bleibt übrig außer dem bewährten Mittel, ein paar Schritte abseits zu gehen. Eine Viertelstunde hinunter ins Val Salei. Links und rechts vom Weg eine Blumenpracht auf dem vulkanischen Untergrund wie auf der Seiser Alm. Im Rückblick die grauen Klötze von Grohmannspitze, Fünffingerspitze und Langkofeleck.

Gerade als ich zum Sprung ansetze, sehe ich sie noch rechtzeitig. Im feuchten Moospolster, am Rande eines kleinen Baches unter mir, halten wohl an die hundert Bläulinge Mittagsrast, laben sich mit kühlem Wasser, nehmen ein Sonnenbad. Ein blaues Wunder!

Abends färbt sich der Sass Pordoi langsam golden. Oder man geht zwanzig Minuten Weges in die Steinerne Stadt, die schönste in weitem Umkreis. Hier, wie im Val Salei, kann man ganz allein (zu zweit) sein. Die Straße vergessen, Edelweiß *anschauen*, durch das Fernglas (oder ohne) winzige weiße, rote und blaue Punkte in den Wänden der Sellatürme beobachten, die sich kaum merklich nach oben bewegen.

Abends wandert oder fährt man zurück aus dem Wolkenkuckucksheim nach Wolkenstein.

Was für ein prächtiger bildhafter Name. Leider nur zu oft verkehrt er sich ins Gegenteil seiner ursprünglichen Bedeutung, wenn Wolken rußigschwarzen Dieselqualms durch die betonsteinern umsäumte Hauptstraße ziehen.

Dreierlei Namen

Nur scheinbar einsam: Hof in Kolfuschg.

Perfekte Linienführung: Der Hof Pransarores über St. Leonhard vor dem Gipfelkamm des Heiligkreuzkofels.

Wieder dominiert die Sella beim Gang über das Grödner Joch, das die Verbindung ins Gadertal herstellt. Vielleicht sollte ich genauer sagen, zum Talast von Kolfuschg. Oder sollte ich sagen Colfosco? Sollte ich sagen nach Corvara oder nach Kurfahr? In Stern oder La Villa oder La Ila zweigt das Tal von St. Kassian ab. Oder San Cassiano? Ja, was denn nun? Gadertal oder Abtei oder Val Badia? Ich habe beschlossen, den Namen zu verwenden, der mir – aus welchem Grund auch immer – geläufiger ist. Manchmal wechselt es auch, weil Hexenstein oder Sasso di Stria genauso geheimnisvoll klingt.

Ich werde nicht drei verschiedene Namen aneinanderreihen, die im Grunde alle denselben Gegenstand meinen, nur um es jedem recht zu machen. Italienisch ist eine herrlich klingende Sprache. Deutsch ist meine Muttersprache, ob hölzern oder zackig, sie ist mir vertraut und ich kann mich in ihr ausdrücken. Am liebsten würde ich immer die angestammten ladinischen Namen verwenden. Doch da, außer den Einheimischen, leider niemand ladinisch spricht, wird es wohl (auch mir) an der richtigen Aussprache und Betonung mangeln. Und so ginge der Zauber des sagenumwobenen Klanges verloren.

Möge sich jeder aus den verschiedenen Möglichkeiten den Namen aussuchen, der auf ihn die größte Anziehungskraft ausübt und ihn veranlaßt, wiederzukommen, um zu erkunden, was sich hinter Schall und Rauch oder hinter Wolken verbirgt. Oder um zu sehen, was sich oft so klar vor blauem Himmel zeigt!

Gadertaler Höfe

Während anderswo viele alte Bauernhäuser der Spitzhacke, dem Bulldozer beziehungsweise der touristischen Infrastruktur zum Opfer gefallen sind, kann man im Gadertal noch eine Menge alter Höfe finden. Harmonisch bereichern sie das Landschaftsbild. Ich kann mir nicht vorstellen, daß man das auch mal von den Betonklötzen, beispielsweise in Mazzin, wird sagen können.

Können wir uns heute vorstellen, wie hart die Menschen hier früher für das tägliche Brot gearbeitet haben, wie hart das Leben hier für manche noch immer ist? Keine Zentralheizung, kein warmes Wasser „direkt aus der Wand". Eine offene Feuerstelle in der rußgeschwärzten „Küche". Feuerhaus! Keine Latexmatratzen auf elektrisch verstellbarem Lattenrost, ein Leinensack mit Stroh gefüllt. Isolierglas im Fenster? Ein Loch in der Wand. Wärme – wenn überhaupt – aus dem Stall unter den Schlafkammern. So zumindest kann man es im Museum bewundern.

Acht-Stunden-Tag? Lohnfortzahlung im Krankheitsfall? Urlaub? Auf dem Rücken die vom Acker herabgeschwemmte Erde wieder hinauftragen. Das Heu nach dem Mähen mit Sense und Sichel am steilen Hang auf demselben Rücken hinuntertragen. Pflügen, säen, ernten, alles von Hand. Ernten? Vielleicht. Wenn nicht früher Frost, Schnee, Hagel oder ein Erdrutsch alle Mühe vergebens werden lassen. Kein Schweinsbraten alle Tage, kein Ossobucco, kein Tiramisu. Hartes Brot, einmal im Jahr gebacken.

Schön sehen sie aus, diese alten Häuser!

Wallfahrtsort Heiligkreuz

Der König und die Königin: Drei Kreuze gegen die Marmolada.

Schroff und abweisend: Die Wandabstürze des Heiligkreuzkofels.

Massige Mauern geben ein Gefühl von Geborgenheit und bieten jede Menge Platz für Blumen auf den tiefen Fensterbänken. Das alte Hospiz ist ein Klotz von Haus. Daneben steht die Kirche, und darüber ragen die Wände des Heiligkreuzkofels, gelb und senkrecht, das gerade Gegenteil von Geborgenheit vermittelnd. An den Wegen zu diesem Wallfahrtsort stehen Kreuze, und die Menschen pilgern immer noch hier herauf, um Schutz für sich und ihre Arbeit und Ernte zu erflehen. Der ist in den Bergen meist nötiger als auf dem flachen Land. Wetterstürze, Schnee- und Geröllawinen, Blitzschlag und Überschwemmung, Eiseskälte können im Nu zunichte machen, was – auch heute noch – in harter Arbeit aufgebaut wurde, um ein karges Bauernleben zu fristen. Da brauchten die Menschen zu jeder Zeit Schutzheilige und Götter, zu denen sie Zuflucht suchten in ihrer Not.

Da oben stehe ich unter den drei Kreuzen. Es geht ein kalter Wind, und der Film fällt mir beim Wechseln aus der Hand zu Boden. „Himmel, A... und Zwirn", entfährt es mir. Drei Tage später ist die Kamera kaputt. Ich hätte an diesem Ort wohl doch nicht fluchen sollen.

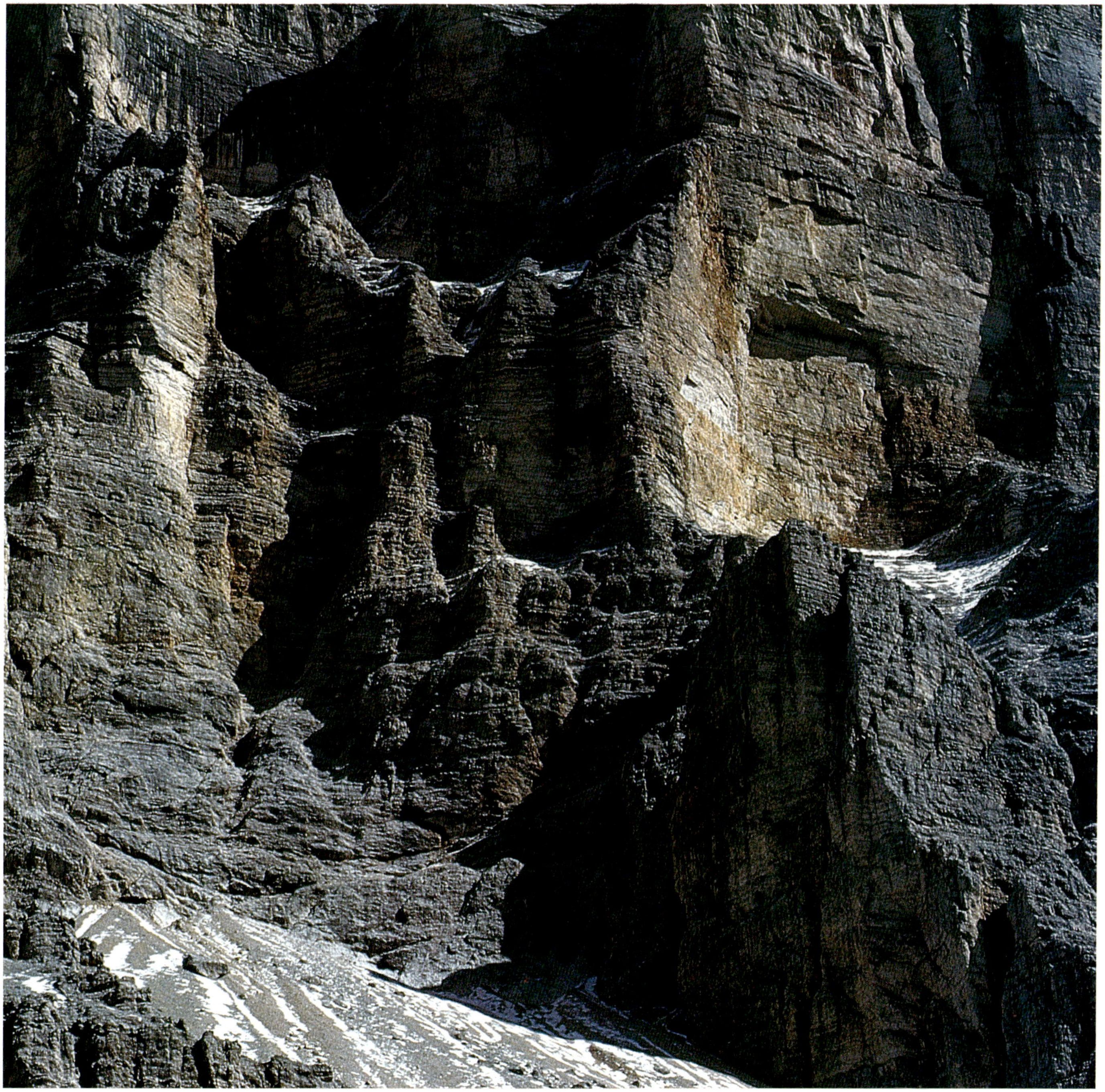

Pralongia, grenzenlose Weite

Himmel und Erde, Feuer und Wasser verbinden sich an Settsass und Pralongia.

Hier oben bewegt man sich – sofern man nicht still im Gras liegt – wieder einmal an der Grenze. Einer gedachten gottlob, die jederzeit ohne Formalitäten überschritten werden kann. Anders als die am Brenner und anders als die in manchen Köpfen, die nur zu oft nie überschritten wird. – Auch die Dolomiten müssen natürlich eingeteilt werden. In westliche und östliche, in solche, wo angeblich mehr Schlerndolomit in der Gegend herumliegt und in solche, wo der Fuß des Wanderers eher über Hauptdolomit stolpert. So ganz geht mir das nicht ein. Auch auf der Sella (Westliche Dolomiten) liegt genügend Hauptdolomit. Der Sextener Elferkofel (Östliche Dolomiten) besteht aus Schlerndolomit. Marmolada und Latemar sind so gut wie überhaupt nicht aus Dolomit, geschweige denn all die Einsprengsel aus Eruptivgestein wie die Seiser Alm oder eben auch die Pralongia. Alles zusammen ergibt erst diesen einzigartigen, vielfarbigen Zusammenklang, der den Zauber der Landschaft ausmacht. Könnte das auch auf die Menschen verschiedenartiger Herkunft in den Tälern der Dolomiten zutreffen?

den sommerlichen Blütenteppich oder das herbstlich gelbe Gras, fällt auf den Schmetterling, der sich auf der Hand niedergelassen hat.

Was spielt es da für eine Rolle, ob dieser Gipfel aus Hauptdolomit aufgebaut ist oder jener aus Schlerndolomit. Was spielt es für eine Rolle, ob man statt Hauptdolomit vielleicht richtiger Dachsteindolomit

Drohend schiebt sich die Wolkenwand über die Marmolada und den Padonkamm. Gleich wird es regnen.

Hier auf der Pralongia jedenfalls ist die Landschaft weit und so frei wie der Wanderer, der sich auf den großen Wiesen verliert, sich niederläßt, um zu schauen und zu genießen. Niemand fragt einen – wie in Kiefersfelden –, wohin man denn wolle. Der Blick wandert ungehindert in die Runde, macht halt wo er will, zieht weiter von einer prachtvollen Felsgestalt zur anderen, streift über

sagt oder ob der Mendeldolomit der Mendel eigentlich Schlerndolomit ist und man zum Mendeldolomit in den Dolomiten nicht lieber Sarldolomit sagen sollte. In den Augenblicken, da die Sonne die Felsen zu färben beginnt, ist mir völlig egal, wie das Gestein heißt, aus dem sie bestehen. Wirklich verstehen kann man sowieso nicht, wie es in Millionen von Jahren entstanden ist.

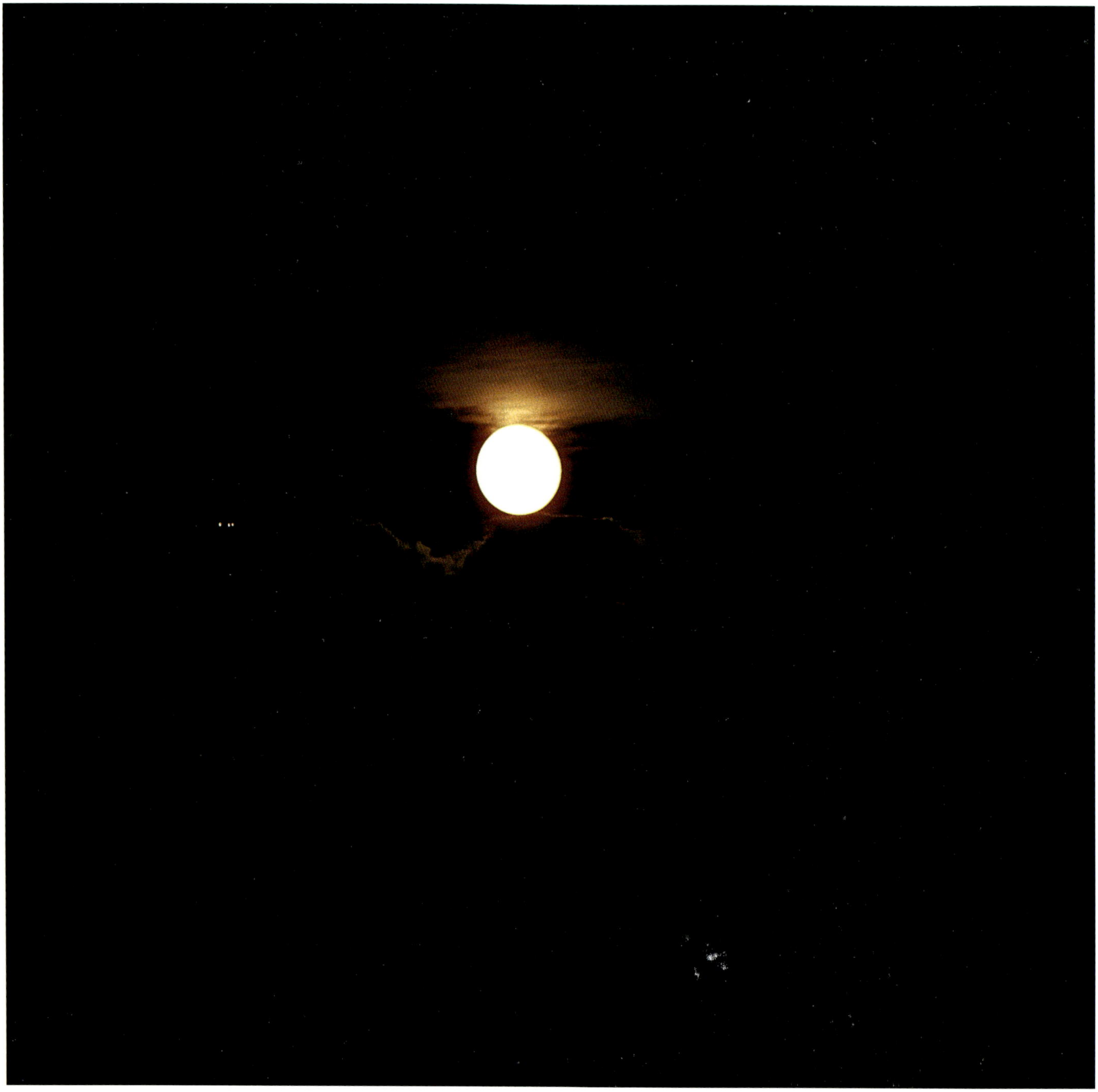

Naturbühne Fanes

Wieder ist es höllisch heiß, als ich aus dem Val Parola in das Sagenreich von Fanes hinaufsteige. Unerreichbar rauscht zur Linken der Wasserfall. Das macht es auch nicht gerade leichter, den Weg hinaufzukeuchen. Aber der Aufstieg dauert nicht lange, bald schon bin ich auf der Höhe des Plateaus. Nun geht es fast eben immer geradeaus nach Groß-Fanes. Von rechts braust schäumend ein Bach über gelb- und braunüberzogene Steine und vereint sich mit dem, der als zartgrün durchscheinendes Band den Weg begleitet. In dem breiten Wasserbett, angefüllt mit blendendweißem Geröll, blüht gelber Mohn. Ein Stück Weges weiter entspringt der Fanesbach, wendet sich in die andere Richtung und schneidet sich durch die Kalkterrassen hinunter nach Cortina. Wasser genug, um mich zu erfrischen und um die Almwiesen von Fanes zu bewässern. Kühe und Pferde weiden auf dem Grün, das sich zwischen den Karstspalten ausbreitet und sich, immer spärlicher werdend, die grauen Schutthänge hinaufzieht zu den merkwürdig durcheinander gequirlten Steinteigschichten der Cima di Limo. Von wegen Limo, auch im gleichnamigen See ist wieder nur Aqua. Immer diese falschen Versprechungen!

Dafür bietet sich von der Höhe des Limojochs ein phantastischer Anblick. Tief unten auf der grünausgelegten Bühne eines riesigen Steintheaters stehen verloren ein paar winzige Hütten. Auf den steil emporsteigenden Rängen rund herum haben sich Lärchen und Zirben aufgestellt und harren der Vorstellung. Als ferne Kulisse dienen die grauweißen Platten der Zehner- und Neunerspitze vor hellem Himmel. Ich beschließe, auch eine Weile zuzuschauen, aber unten rührt sich nichts. Dafür wechselt die Kulisse um so schneller. Dunkle Wolken ziehen auf, rasend schnell wird der Himmel grau und düster. Nur schnell hinunter. Fast ist es schon nachtschwarz geworden, als ich die Hütte erreiche. Kaum habe ich mein Zimmer bezogen, bricht draußen das Inferno los. Dicke Tropfen klatschen senkrecht auf die Weiden, grellen Blitzen folgt augenblicklich ohrenbetäubender Donner. Das Unwetter entleert sich genau über Klein-Fanes. Ich lege mich aufs Bett, und durch den holzgerahmten Ausschnitt des offenen Fensters schauend nehme ich an dem Schauspiel draußen teil. Fernsehen in seiner schönsten Form!

Nach einer Stunde ist das gewaltige Gewitter-Programm zu Ende. Der Regen versiegt, die Wiesen dampfen, die Luft riecht unbeschreiblich gut.

Drei verloren wirkende Lichtpunkte markieren den Standort der Lagazuoihütte. Nur für kurze Zeit zeigt sich der Vollmond in einer Wolkenlücke, bevor auch ihn die Nacht verschlingt.

Fanes, riesiger Steingarten

Nach Fanes kommt man immer wieder! Diesmal machen wir es uns bequem und fahren – auch weil die Wolken verdächtig nach Regen aussehen – mit dem Jeep von Pederü aus herauf. Zunächst ist es nichts mit der Bequemlichkeit. Wir werden so gründlich durchgeschüttelt, daß ich befürchte, nachher unsere Knochen einzeln wieder ordnen zu müssen. Dann fängt es tatsächlich zu regnen an. Da werden wir wieder vergnügt vor Schadenfreude, als wir die tropfnassen Gestalten sehen, die uns entgegenhatschen. „Jedem so, wie er's verdient", ich kann mir die Bemerkung nicht verkneifen. Der bärtige, gemütliche Herr in rotkariertem Hemd und brauner Cordbundhose, der noch mit uns fährt, sagt nur lächelnd: „Ja, wenn man das immer so genau wüßte, was einer verdient."

Oben angekommen kümmern wir uns erstmal um unser leibliches Wohl und lassen den Regen Regen sein. Als der nasse Vorhang draußen zerreißt, dringt plötzlich Gesang in die Stube. Wir schauen hinaus, ein Berggottesdienst. Der Bärtige im weißen Talar mit dem goldenen Kreuz auf dem Rücken kommt mir bekannt vor. Richtig, unser Mitfahrer. Jetzt weiß ich, wie er das vorhin gemeint hat!

Abends fängt jemand am Nebentisch an Gitarre zu spielen: „Dust in the wind!"

Der nächste Morgen ist strahlend blau. An Murmeltieren vorbei, die sich vor ihren Löchern sonnen, steigen wir die Terrassen hinauf, auf der Suche nach einem einsamen Plätzchen.

Wer behauptet, daß dies eine Steinwüste sei, kann nie hiergewesen sein! Ein riesiger Steingarten ist das! Man muß sich nur die Mühe machen, sich zu bücken, oder –

*Die von weitem öde wirkenden Karstterrassen
auf Klein Fanes entpuppen sich
bei näherer Betrachtung als riesiger Steingarten.*

*Zur folgenden Doppelseite:
Zwischen den Kalkschichten finden die Murmeltiere
auf Klein Fanes idealen Unterschlupf. (Leider zeigt sich auf
dem Bild keines, ich rückte wohl zu nahe.)
Dahinter bauen sich auf – oder besser gesagt: bröckeln ab –
die Paromspitzen und La Varella.*

einfacher – man legt sich ins Gras zwischen Arnika, Enzian, Edelweiß und wie sie alle heißen. Aus grünen Polstern zwischen den Steinen wachsen fadendünne Stengel mit zarten, blassen, stecknadelkopfgroßen Blüten, winzige Steinbrecharten.

Haben diese Winzlinge die Steine so auseinandergebrochen, oder hat das sagenhafte Volk der Fanes sie aneinandergefügt? Da gibt es Amphitheater in allen Größen, Wälle wie von Hand gemauert. Steinplatten reihen sich zu Straßen, als hätten die Römer sie hinterlassen. Ich kann mir gut vorstellen, daß man in früherer Zeit glauben mußte, hier hätte ein ganzes Volk gelebt, hier hätten Paläste gestanden und Schlachten wären geschlagen worden. Unter der Führung von Dolasilla mit ihren „nie fehlenden Pfeilen" wäre ein Reich entstanden und wieder versunken. Wahrscheinlich ist es aber doch nur der Regen, der den Kalk löst und diese bizarren Karstformationen schafft. Jedoch, wer weiß, jede Sage hat irgendwo einen wahren Kern. Jedenfalls sollen die Überlebenden der Fanes immer noch hier hausen, tief im Berg, in den Höhlen der Murmeltiere.

So ein überdimensionaler Goldhamster steht plötzlich vor uns, als wir um einen Vorsprung biegen. Ein gellender Pfiff, und weg ist die ganze Meute. Sorry!

Die Sonne geht unter und färbt die Pareispitze orangerot. Wieder in der Hütte geht auch mir ein Licht auf. Oben hatte ich seltsam verbogene Trümmer aus verrostetem Eisen gefunden, jetzt sehe ich sie wieder auf dem Buffet stehen: Kerzenständer sind das! Und ich hatte schon gedacht, Dolasillas Truppen hätten mit Granaten geworfen.

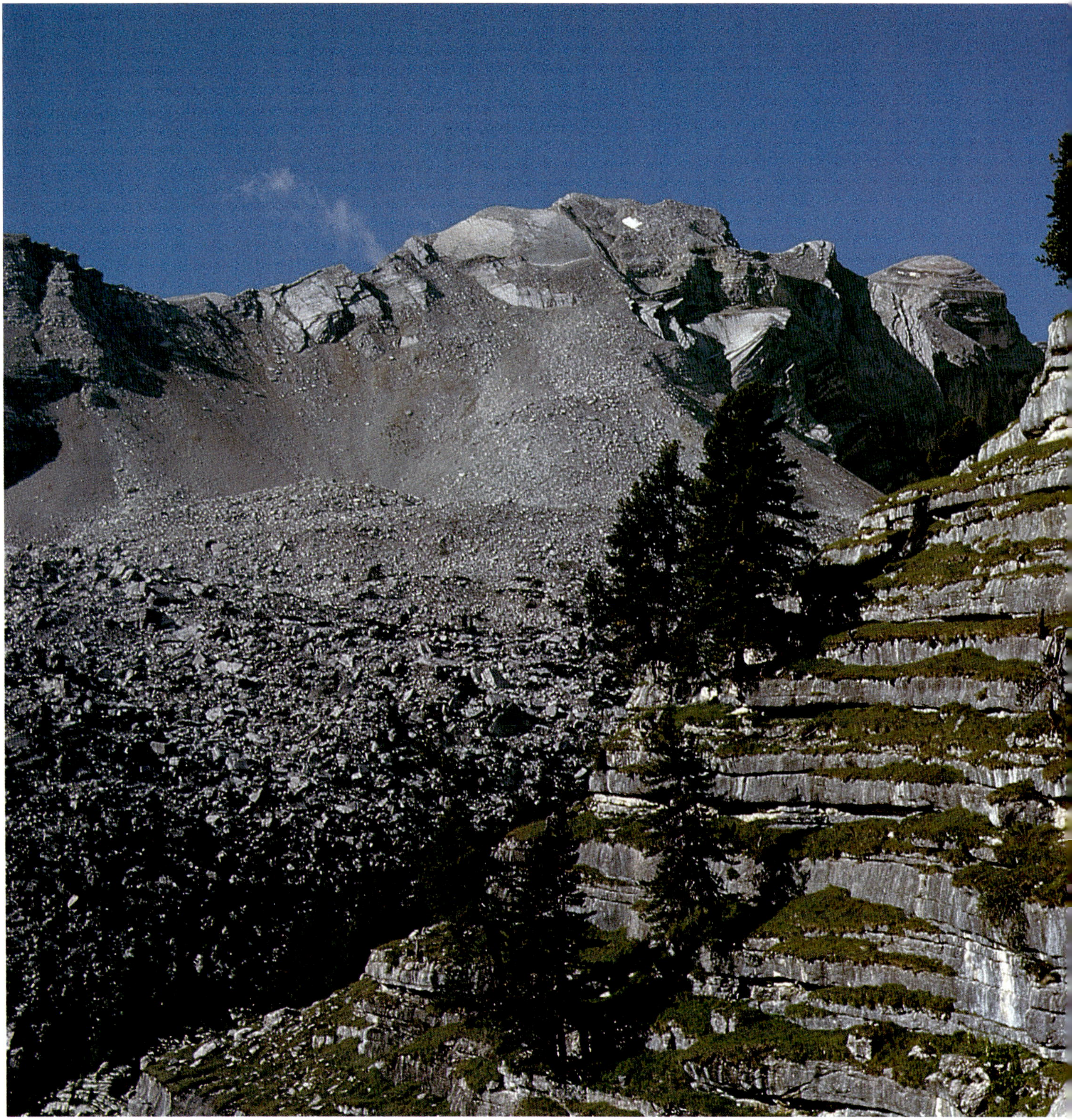

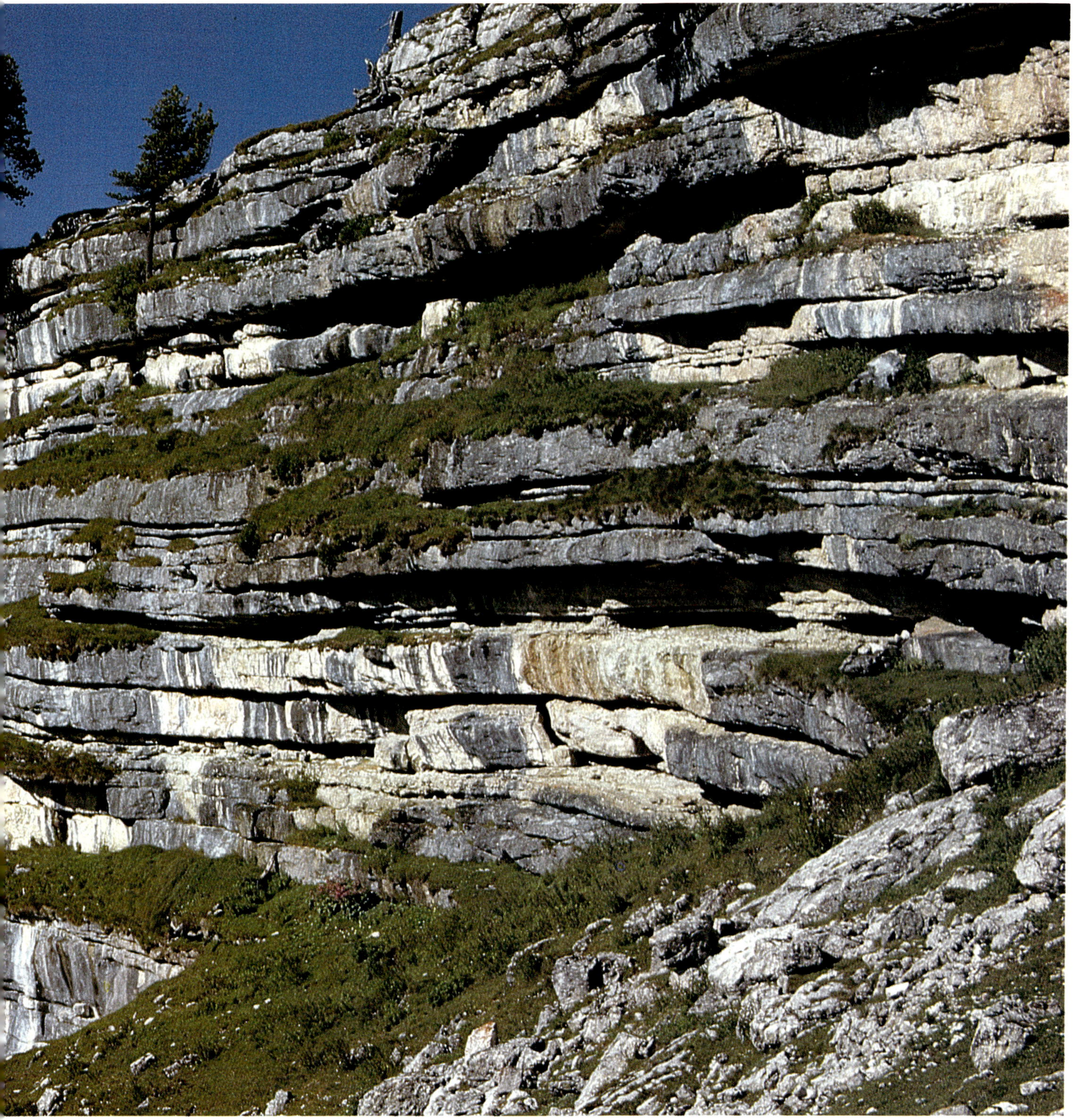

Aussichten am Lagazuoi

Monte Pelmo vom Lagazuoi.

Auf den Kleinen Lagazuoi soll man auch zu Fuß gehen können, habe ich gehört. Tatsächlich kommen mir einige Seilbahn-Verächter entgegen, als ich hinuntersteige zum See. Auch ich habe diesmal – wie noch ein paar hundert andere an diesem Tag – den bequemen Weg gewählt und die Gondel vom Falzaregopaß herauf benützt, um oben die phantastische Aussicht zu genießen. Jetzt im Abstieg überrascht mich eine neue, hervorragende Aussicht. Zwei Gestalten keuchen den Weg herauf, der mir beim lockeren Abwärtsschlendern so flach vorkommt. Allerdings trägt das Mädel auch recht schwer – gleich drei Rucksäcke! Einen kleineren auf dem Rücken und zwei riesige, vorne unter dem T-Shirt. Ist das die Höhenluft oder die Sonne, die erbarmungslos in den ausgebleichten Lagazuoikessel brennt und mir solche Trugbilder vorgaukelt? Egal, es kann nicht wahr gewesen sein. Dennoch greife ich, im Unterbewußtsein frei assoziierend, zu meiner Thermosflasche mit kalter Milch. Gottlob ist es nicht mehr weit zum Lagazuoisee. Zuerst ein Balanceakt über die glatten Platten auf dem Grund nahe am Ufer, wo die Füße einen Vorgeschmack bekommen von der frischen Kühle des glasklaren, schwarzgrünen Wassers, das Augenblicke später den ganzen Körper umgibt, als ich mich ins tiefe Wasser gleiten lasse. Jetzt noch den Kopf untergetaucht, und langsam ordnen sich wieder die Gedanken. Vielleicht sollte ich nächstes Mal doch ein Sonnenhütchen über mein spärlich behaartes Haupt stülpen!

Eines aber ist klar: ein nächstes Mal wird es auf dem Lagazuoi immer wieder geben. Die Hütte ist einladend, nicht billig, aber ihren Preis wert, und als Zugabe gibt es das wirklich einmalige Panorama. Im ersten Morgen- oder im letzten Abendlicht muß man diese Aussicht erlebt haben!

Großraum Falzarego

Ich weiß, ich wiederhole mich, aber so ist es nun mal, hier wie an vielen anderen Punkten der Dolomitenstraßenlandschaft. Einerseits die lärmumspülte Paßhöhe, die mit ihren Trödelbuden den einen schon Attraktion genug ist, obendrein noch garniert mit einer spektakulären Seilbahn zu einer noch spektakuläreren Aussichtsloge. Andererseits, nur wenig abseits der Straße, kehrt gleich wieder Ruhe ein. Auch rund um den Falzaregopaß gibt es genügend solche Ruhepunkte. Vielleicht nicht gerade am Gipfel des Sasso di Stria, obgleich der kurze Aufstieg wirklich lohnt. Weiter weg, etwa auf dem Weg zum Settsass hinüber, kann es passieren, daß einem stundenlang kein Mensch begegnet. Wie lange noch? Fahren bald die Baumaschinen auf, um neue Liftschneisen in die Wälder zu reißen? Auf den Superdolomiti-Skikarussellplänen drohen seit Jahren die entsprechenden gestrichelten Linien. Nur weiter so!

Bald ein weiteres Skigebiet?

Sennesalm

Hinter Dürrenstein und Hoher Gaisl wird bald die Sonne auftauchen.

Was für ein Pech! Kein freies Bett mehr auf der Senneshütte, nur der Hinweis, man solle es eine Hütte weiter probieren. Wo? Auf der Sennesalm-Hütte, nur zwanzig Minuten weiter. Auf der Karte war die damals noch gar nicht eingezeichnet, aber es wird schon stimmen, hoffen wir. Wieder zurück ins Tal wollen wir nicht, und so stiefeln wir leicht mißmutig und ungläubig weiter. Doch dann, tatsächlich, taucht die Alm samt Hütte auf. Zimmer gibt es, ganz neu ist alles und sauber, die freundliche Wirtin tischt auf aus guter Küche. Um die Hütte breitet sich ein weiter welliger Grasteppich fast bis zum Seekofel und zum Monte Sella di Sennes. Vorsicht, urplötzlich tun sich darin riesige Löcher auf, kleinere und große Felsspalten. Steine, auf die man tritt, weil man sie fest verankert wähnt, erweisen sich als wackelige Brocken, Milchzähnen nicht unähnlich, die jederzeit aus dem Grasunterkiefer brechen können. Karst.

Am nächsten Tag wieder mal ein herrlicher Sonnenaufgang. Zu dieser Stunde sollte die Neunerspitze Sasso Rosa heißen. Was für ein Glück!

Plätzwiesengeschichten

Da liegt an der Rezeption – gebunden zwischen zwei Pappdeckeln – „Die Front in Fels und Eis", daneben die „Dolomitenflora". Ich nehme ein anderes Buch mit in den Speisesaal, schlage es beim ersten Viertel dieses Abends auf und lese den Leitspruch: „Tirol isch lei oans!" Da fallen mir geknickte Strommasten ein und gesprengte Denkmäler. 2000 Jahre Geschichte auf wenigen Seiten Papier, wer soll das verdauen? Anno 1342, am 17. April um 18 Uhr 32, fällt in Mauls ein Glas Milch um. Oder nicht? Margarete Maultasch war gar nicht so häßlich wie immer behauptet wird. Oder doch? Egal, ein ziemlich konkreter Duft kündigt ein herrliches Abendessen an. Um 19 Uhr 2 am 18.10.1986 steht die Vorspeise auf dem Tisch, das ist verbürgt. Nach der Völlerei setzen sich die Wirtsleute zu uns.

Herzliche Leute von echter Gastfreundschaft, weit weg von nur geschäftstüchtiger Verbindlichkeit. Wir reden über Gott und die Welt und kommen so ganz selbstverständlich zum Thema Nr. 1 zwischen Brenner und Salurn. Die Welt heißt hier Tirol und Gott ist katholisch. Tirol gehört zu Bayern, nicht etwa zu Österreich – weshalb wohl zwischen Kufstein und Brenner das Thema Nr. 1 das übliche ist – und italienische Schwiegersöhne kommen nicht ins Haus, obwohl meist katholisch. Protestantische Däninnen können jederzeit einheiraten, allerdings so ganz ohne katholische Umweltprobleme auch nicht. Wer also muß raus aus Südtirol? Alle außer den Ladinern? Die Italiener, die Deutschen, angeheiratete Dänen, alle Touristen? Hoffentlich nicht, ich möchte morgen auf den Dürrenstein.

Zur nachfolgenden Doppelseite:
Früh raus. Reif bedeckt die Wiesen Anfang Oktober.
Bald wird ihn die Sonne wegbrennen.
Das Kameragehäuse ist eiskalt, die Finger sind klamm.
Ein einsamer, herrlicher Morgen.

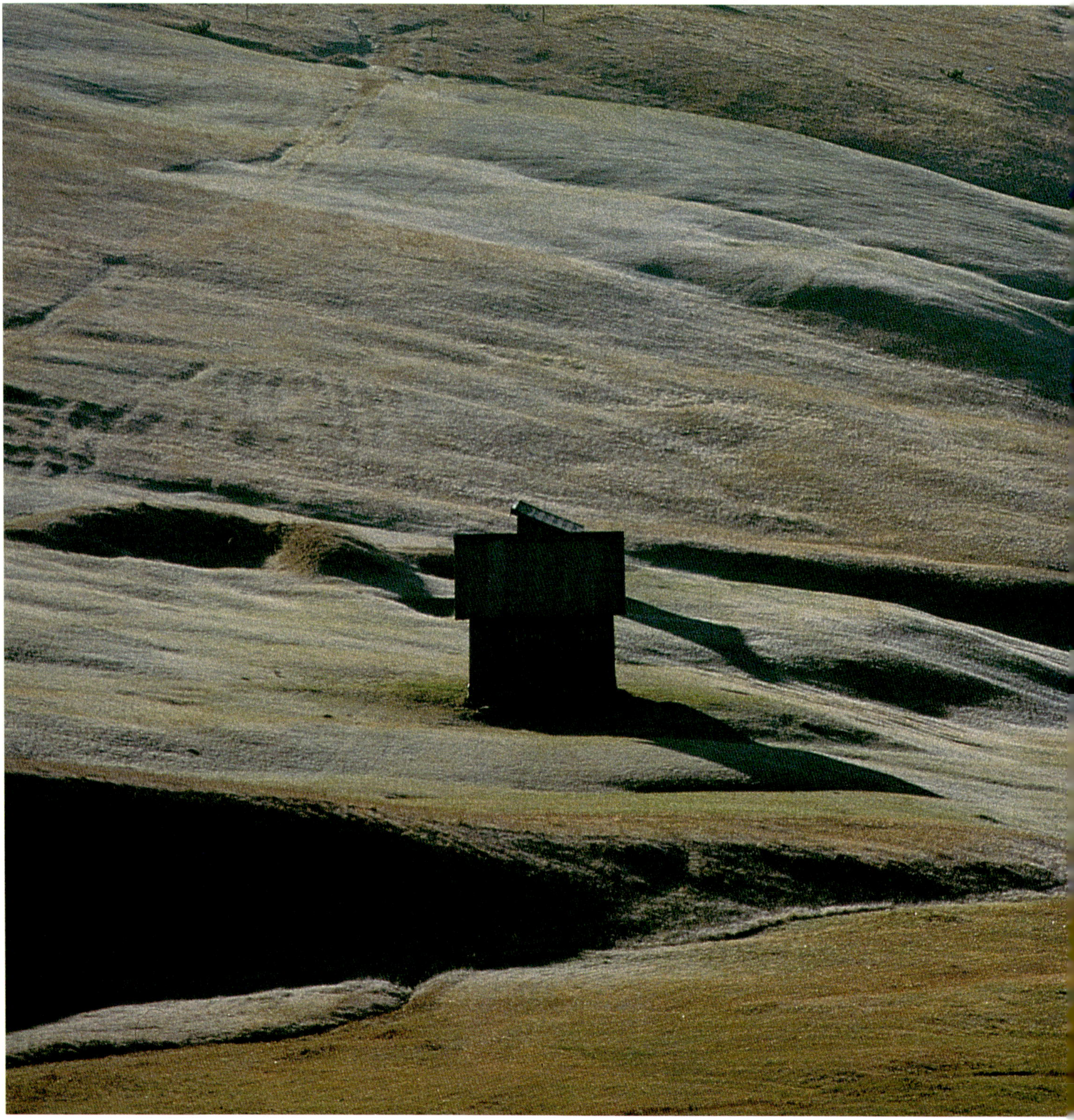

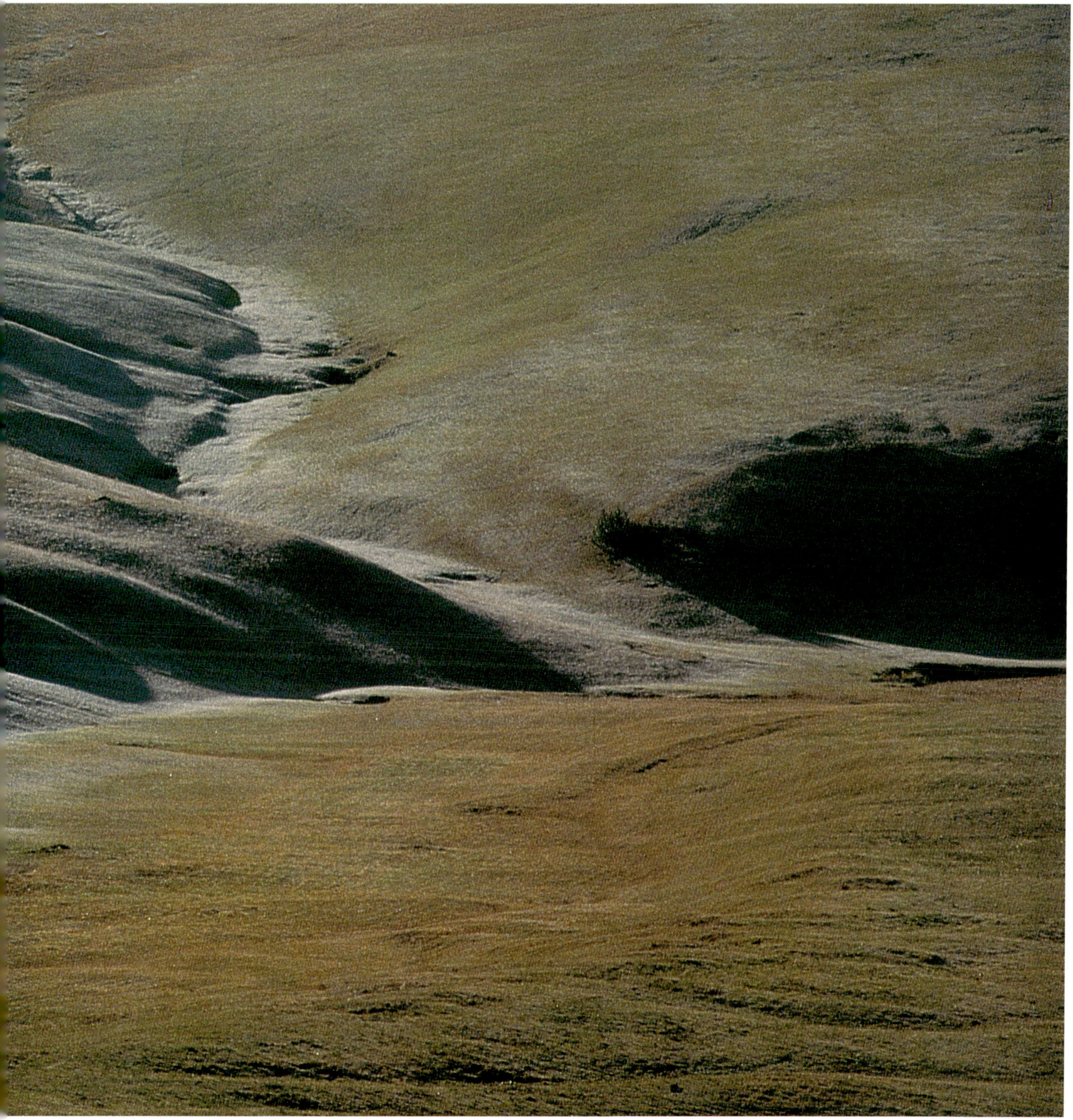

*Erste Sonnenstrahlen
des anbrechenden Tages krönen die Hohe Gaisl.
Damals gehörte mir dieses Bild ganz allein.*

Morgen auf Plätzwiesen

Am Morgen beschäftigen mich ganz andere Machtfragen. Da ist einmal die Macht der Bettdecke, die mir mit Hilfe der darunter aufgestauten Wärme einreden will: „Bleib doch noch ein bißchen, dreh dich nochmal um, schau deine Frau an, die schläft doch noch fest, mach doch wieder die Augen zu, das rote Leuchten des Digitalweckers ist doch nur ein Trugbild, die Zeit sowieso ein Gaukler." – Auf der anderen Seite steht als Versuchung der heraufziehende Tag. Der Himmel ist schon hell und klar und lockt durchs Fenster: „Komm, steh auf, zieh dich an, nimm deine Kamera und geh vors Haus, hinunter zum See, gleich wird die Sonne aufgehen und die Berge in Gold tauchen. Die Stille wird zu hören sein, der Augenblick ist nur für dich gemacht, unantastbar, deine Mühe wird reich belohnt werden."

Wenn das so einfach wäre! Schon dreimal in den letzten Tagen habe ich mich dem sanften Druck der wohligen Wärme nur zu gerne gebeugt. Heute treibe ich mich widerwillig hinaus in die Kälte. Rein ins Gewand, unrasiert und ungewaschen nach draußen.

Die Wiesen sind weiß vom Reif, die Kälte macht die Finger steif, läßt die Nase laufen und vertreibt die Müdigkeit. Stille. Naja, nicht ganz, die Vögel sind schon vor mir aufgestanden. Aber lieber ein ganzer Schwarm Bergdohlen als ein einsamer Tiefflieger. Ich jedenfalls bin als *homo fotograficus* ganz alleine unterwegs, der Morgen gehört mir! Und dann, Stunde und Ort sind gut gewählt, berühren die Strahlen der Sonne den Gipfel der Hohen Gaisl und färben ihn rot: Croda Rossa!

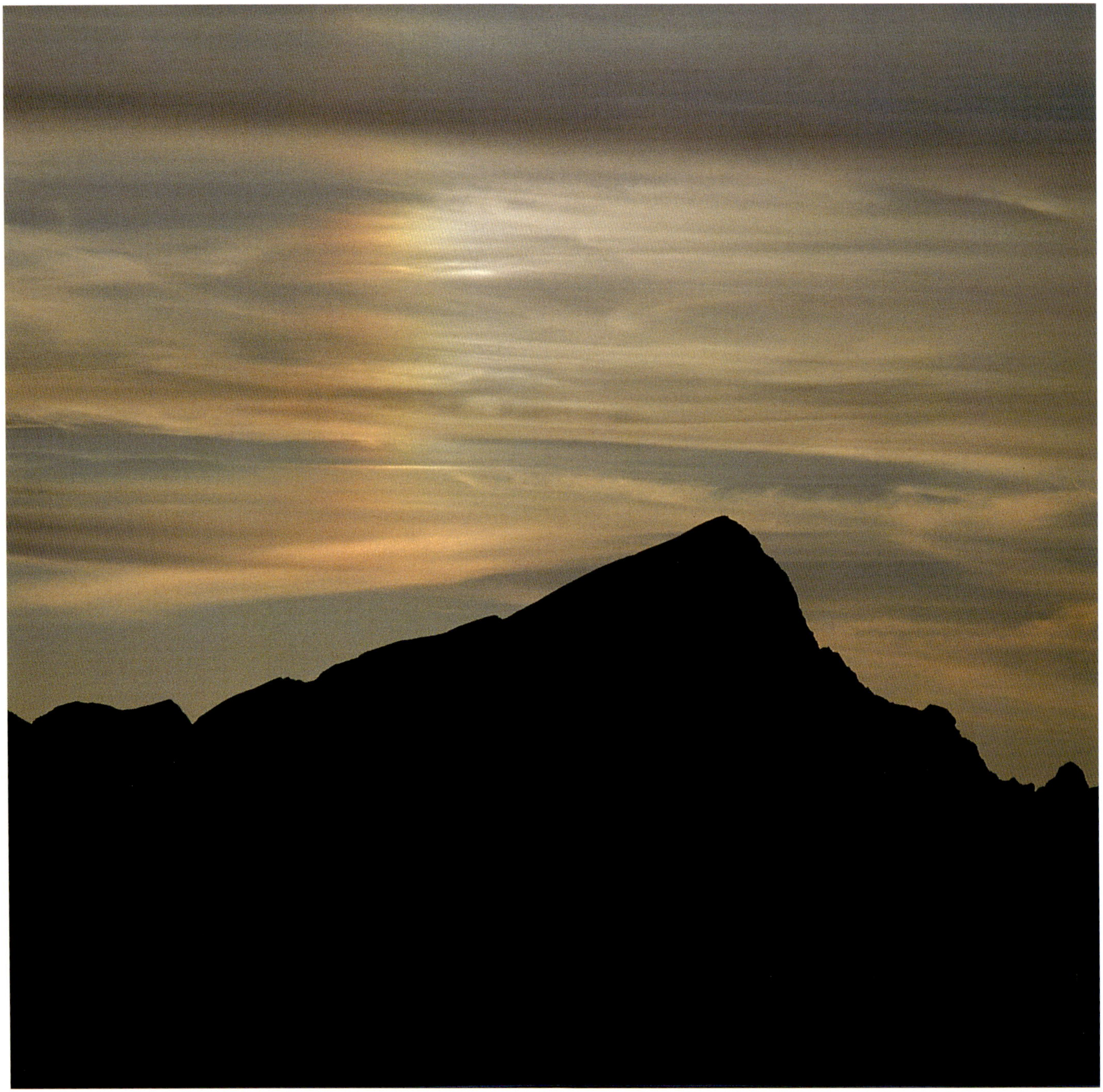

Abendliche Lichtspiele am Seekofel.   *Derselbe Berg, derselbe See (wie auf Seite 42).*
Nur wärmt inzwischen die Sonne den Lichtbildner.

Die Strudelalm. Der Gipfel!

Weit und breit kein Strudel! Alm aber schon und ganz ohne Sünd', weil auch ohne Hütte. Dafür aber mit „Heimkehrer-Kreuz", was immer das hier oben bedeuten soll. Vor allem aber mit einer hervorragenden Aussicht, die fast die gesamten Sextener Dolomiten umfaßt und die Marmarole, den Cristallo, die Tofanen, und natürlich die Hohe Gaisl und den Dürrenstein.

Eigentlich muß man wirklich nicht auf den Dürrenstein hinauf, obwohl der Gipfel bequem zu erreichen ist – ein „Kuhweg", wie sich unsere Wirtin ausdrückte –, und obwohl er natürlich eine noch wesentlich weitere Rundschau bietet: fast die gesamten Dolomiten und dazu den Alpenhauptkamm von der Silvretta bis zum Großglockner.

Trotzdem, für mich tut's der Strudelkopf leicht! Die Höhenlagen um 2000 Meter geben schon rein fotografisch mehr her. Meistens ergibt sich hier noch die klassische Gestaltungsgrundlage der Landschaftsfotografie mit Vorder-, Mittel- und Hintergrund. Auf den Gipfeln herrscht eigentlich nur Hintergrund. Und tritt man zu nahe an den Rand des Vordergrunds, kann es leicht zu einem Ausflug in den Untergrund kommen. Die Bergunfallstatistik der letzten Jahre, gerade auch was Wandertouren betrifft, spricht Bände.

Was treibt einen eigentlich auf die Gipfel? Will man unbedingt aus allen Poren schwitzen? Will man – im Aufstieg – die Strapazierfähigkeit der Lungen und – im Abstieg – die der Kniegelenke einem Härtetest unterziehen? Will man, anscheinend einem Urtrieb folgend, in einer Herde jodelnder – zumindest was dieses Gipfelziel betrifft – Gleichgesinnter, Nase an Hintern reibend dem gelobten Land zustreben? Will man um jeden Preis drei Quadratmeter Steinplateau mit 50 anderen Rotstrümpfen teilen? Will man sich gar erheben über die Druntengebliebenen oder – in höchstem Auftrag – über die Erde, die Natur? Will man sich vielleicht sogar über sich selbst erheben, nach dem Motto: Nirgendwo ist es so leicht, über den eigenen Schatten zu springen!? Die Frage muß letzten Endes ja doch unbeantwortet bleiben. Egal – jeder soll für sich entscheiden können, wann und warum er wohin gehen will!

Ich suche die Plätze, wo es Bergeinsamkeit wirklich noch gibt, wie hier an einem strahlenden Oktobertag, inmitten mannshoher Latschen auf der Strudelalm, windgeschützt und wohlig warm.

Außerdem: Das Stempelkissen auf dem Dürrenstein war ausgetrocknet. Wie soll ich jetzt beweisen, daß ich oben war?

*Von der Strudelalm geht der Blick weit
nach Südosten zum Monte Piano, zur Gruppe der Cadini
und zu den Marmarole.*

*Zur nachfolgenden Doppelseite:
Die Strudelalm bietet einen phantastischen,
umfassenden Weitblick über die Sextener Dolomiten.
Details, wie hier den Zwölferkofel
und die Drei Zinnen, pickt man sich mit dem Fernglas
oder Teleobjektiv heraus.*

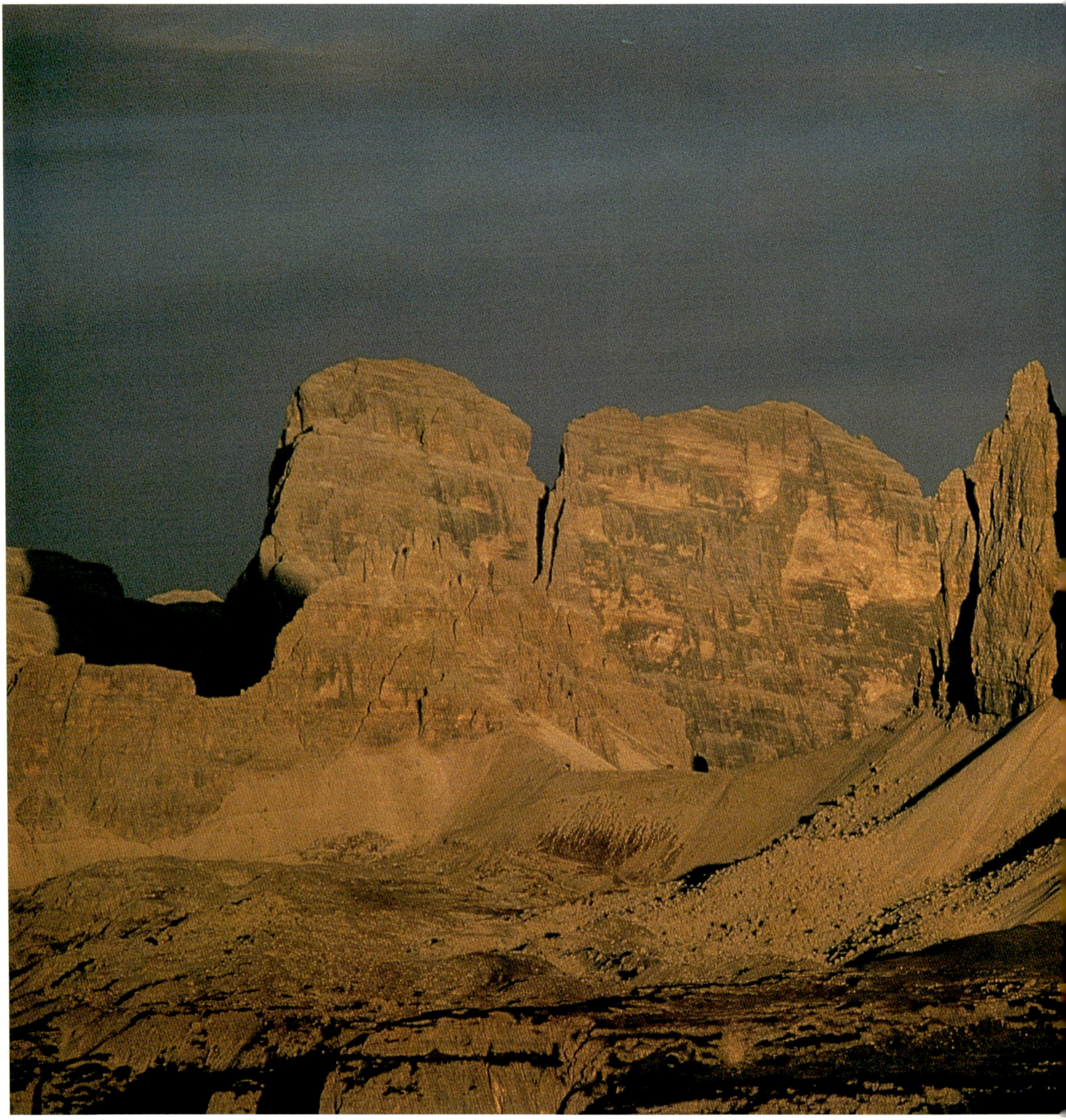

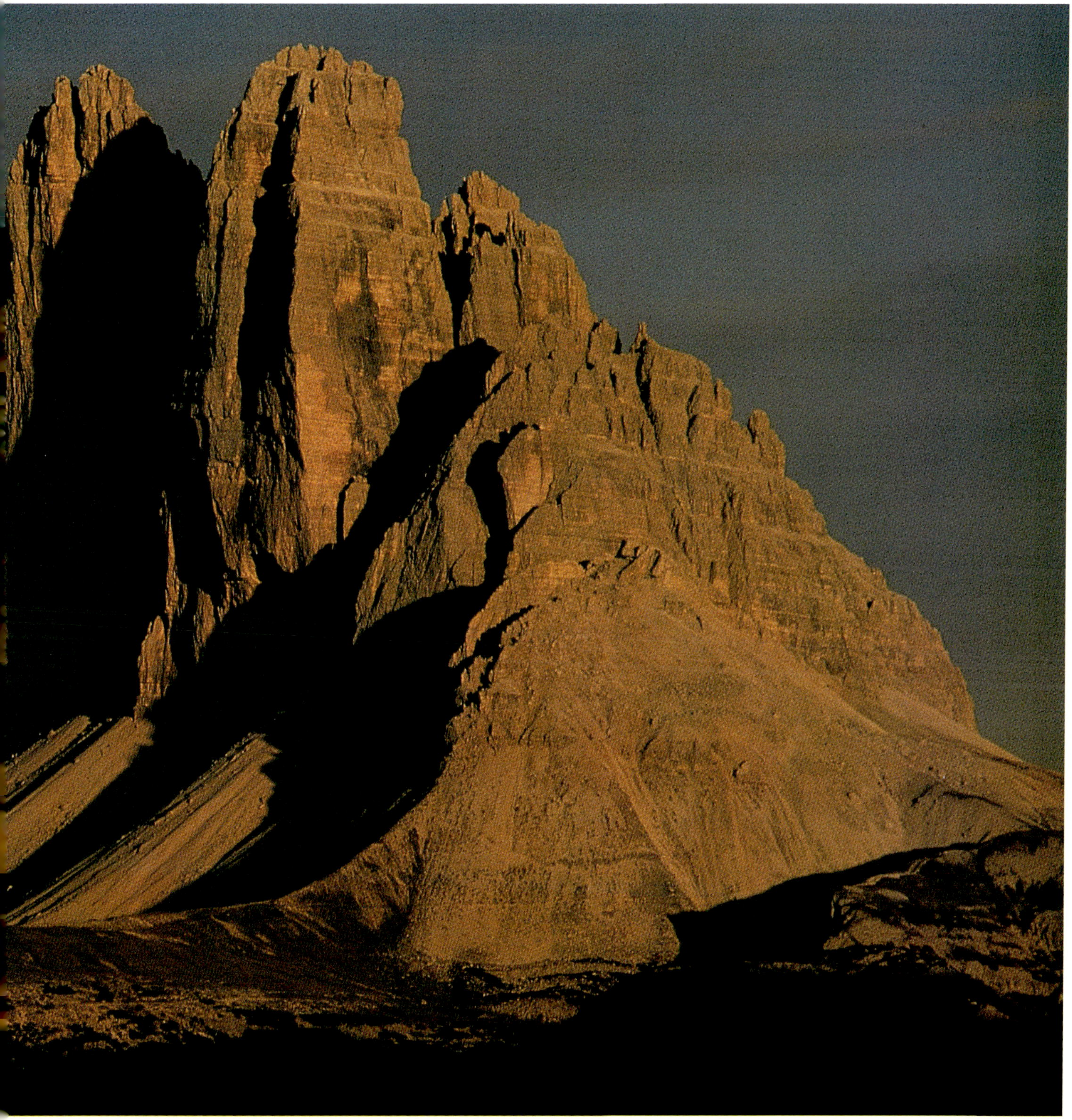

Zimmer mit Aussicht

Wieder einmal stellt sich die Frage, wie man – von Berghütten abgesehen – zu zwei Betten für eine Nacht kommt. Ich hatte mir eingebildet, der Aussicht wegen, ein Stück oberhalb Sextens zu übernachten und mir dafür nach Kartenstudium Außerberg erkoren.
Nun haben wir uns schon die fünfte Absage eingehandelt, obwohl doch überall das grüne „Zimmer – frei" – Schild an den geraniengeschmückten Balkonen prangt.

Aber entweder ist gerade der Großvater gestorben oder es wird noch ein Bus aus dem Rheinland erwartet oder es wird morgen sowieso regnen. Warum sagen die nicht einfach, daß ihnen Vermieten zuviel Mühe macht oder – noch besser – bringen gleich ein Schild an der Haustür an: Betteln, Hausieren und Nur-einmal-nächtigen-Wollen verboten. Hier beißt der Wirt persönlich! Also ein letzter Versuch: Das alte Bauernhaus sieht unwahrscheinlich gemütlich aus. Ich klopfe zaghaft an die Tür. Nichts rührt sich, jedenfalls kein menschliches Wesen. Nur drei Katzen schauen neugierig aus dem Stall, fünf Kühe muhen aus demselben, vierundzwanzig Kanarienvögel machen einen Heidenlärm und einemillionsiebzehn Bienen summen durch die Luft, angelockt durch volle Honigeimer in einem offen vor dem Haus stehenden Auto. Ich suche nochmals die Umgebung ab und sehe endlich eine alte Frau am steilen Wiesenhang das letzte Heu einsammeln. Das wird die Bäuerin sein, denke ich und rufe hinauf, ob sie wohl ein Zimmer frei hätte. Aber sie scheint mich nicht zu verstehen. Ich muß also zu ihr rauf. Nach Luft ringend trage ich ihr mein Ansinnen vor und schaue in ein bekümmert blikkendes Gesicht. „Für eine Nacht rentiert sich's halt eigentlich nicht"; meint sie sorgenvoll – ob ich's nicht beim Nachbarn probieren will. Endlich jemand, der keine Ausflüchte sucht! „Beim Nachbar war ich schon", sage ich – und ich tät auch mehr bezahlen für die Mühe. Darauf käm's ihr nicht an, sagt sie, es wär' halt nur die viele Arbeit, die sie so schon hätte. Die Frau

Wem die Stunde schlägt:
Ihre gewaltige steinerne Sonnenuhr zeigt – mehr oder weniger exakt – den Sextenern die Tageszeit zwischen
9 Uhr morgens und 1 Uhr mittags an.

gefällt mir und so nehme ich meinen ganzen extra für solche Gelegenheiten sorgsam gehüteten Charme zusammen und schwärme von dem schönen Haus und der phantastischen Aussicht und daß ich doch so gerne von hier den Sonnenaufgang am Haunold fotografieren möchte, und schließlich willigt sie ein. Sie müßte aber statt neun Mark zehn verlangen. Jetzt lachen wir beide.

Auf der Bödenalpe

Hier, im näheren Umkreis der Drei Zinnen, ist man höchstens mal an einem 18. Januar gegen 19.00 Uhr alleine. Trotzdem muß man die Bödenseen einfach erlebt haben, und im Ernst, ganz so schlimm ist es nicht mit dem Trubel. Abends oder bei schlechtem Wetter zieht der Drei-Zinnen-Pilgerstrom schnell wieder in Richtung Auronzohütte ab oder ist sowieso – halbbeschuht – am Paternsattel hängengeblieben. Dann kann man in Ruhe das Kunstwerk „Landschaft" genießen, das sich, so oft man auch ein und denselben Platz aufsucht, immer wieder anders präsentiert. Mal bleigrau, regenverheißend, mal klar und königsblau. Da ich mich nicht entscheiden kann, welche Lichtstimmung mich am meisten gefangennimmt, stelle ich hier einfach mal drei verschiedene zur Diskussion.

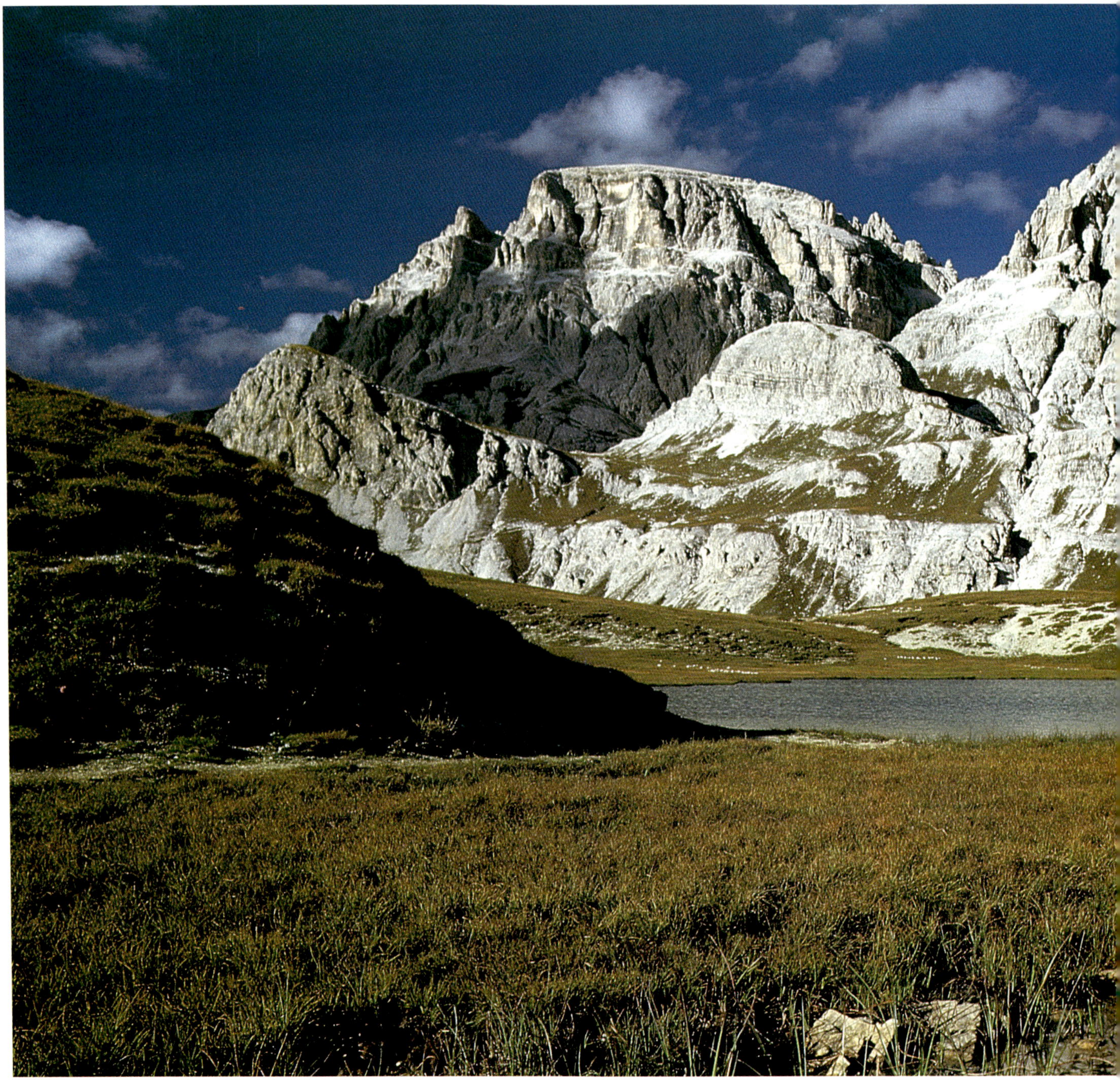

Über der Bödenalm erheben sich – wenig fotografiert angesichts berühmterer Nachbarn, aber kaum weniger schön – Schusterplatte und Innichriedelknoten.

Drei Zinnen

Wer kennt sie nicht (von Bildern)?
Einmal im Leben muß man sie von nahem gesehen haben.

Spielzeughäuschen. Drei-Zinnen-Hütte.

Ich vergesse jetzt einfach, daß mir, ausgerechnet als ich das erste Mal hier stand, der Fotoapparat den Dienst versagte. Ich vergesse den Lindwurm von Menschen, der sich mit mir über den Paternsattel gewälzt hat. Ich vergesse die überquellende Drei-Zinnen-Hütte und denke lieber nicht mehr an die herzliche Gastfreundschaft und die aufopfernd freundliche, zuvorkommende Bedienung in besagtem Refugium. Selbst schuld, verstockt wie ich nun mal bin, mochte ich einfach dem barschen Befehl, meinen Rucksack mit Geld, Ausweis, Schlüsseln, diverser optischer Ausrüstung auf einen wüsten Haufen am Eingang zu werfen, nicht Folge leisten. Ich bekam nichts zu essen und kehrte zornig wieder aus – für immer. Vergiß es!

Ich bin wiedergekommen. Ich habe eine schöne Brotzeit dabei und ausreichend Getränke. Ich suche mir einen Platz auf dem Karrenplateau unterhalb der Häuser, weit genug weg, um nichts von der gastlichen Schutzhütte zu hören und zu sehen. Ich räume ein paar Glasscherben und verrostete Dosen beiseite und mache es mir schließlich auf einem grasgepolsterten Sofa mit steinerner Lehne bequem. Ich konzentriere meine Wahrnehmung – nach dem Essen – ganz aufs Schauen, und siehe da, das Wunder geschieht: da stehen im Süden die Drei Zinnen. Unbeschreibliche steinerne Monumente. Die untergehende Sonne legt langsam Blattgold über die Felsen, nur für mich allein.

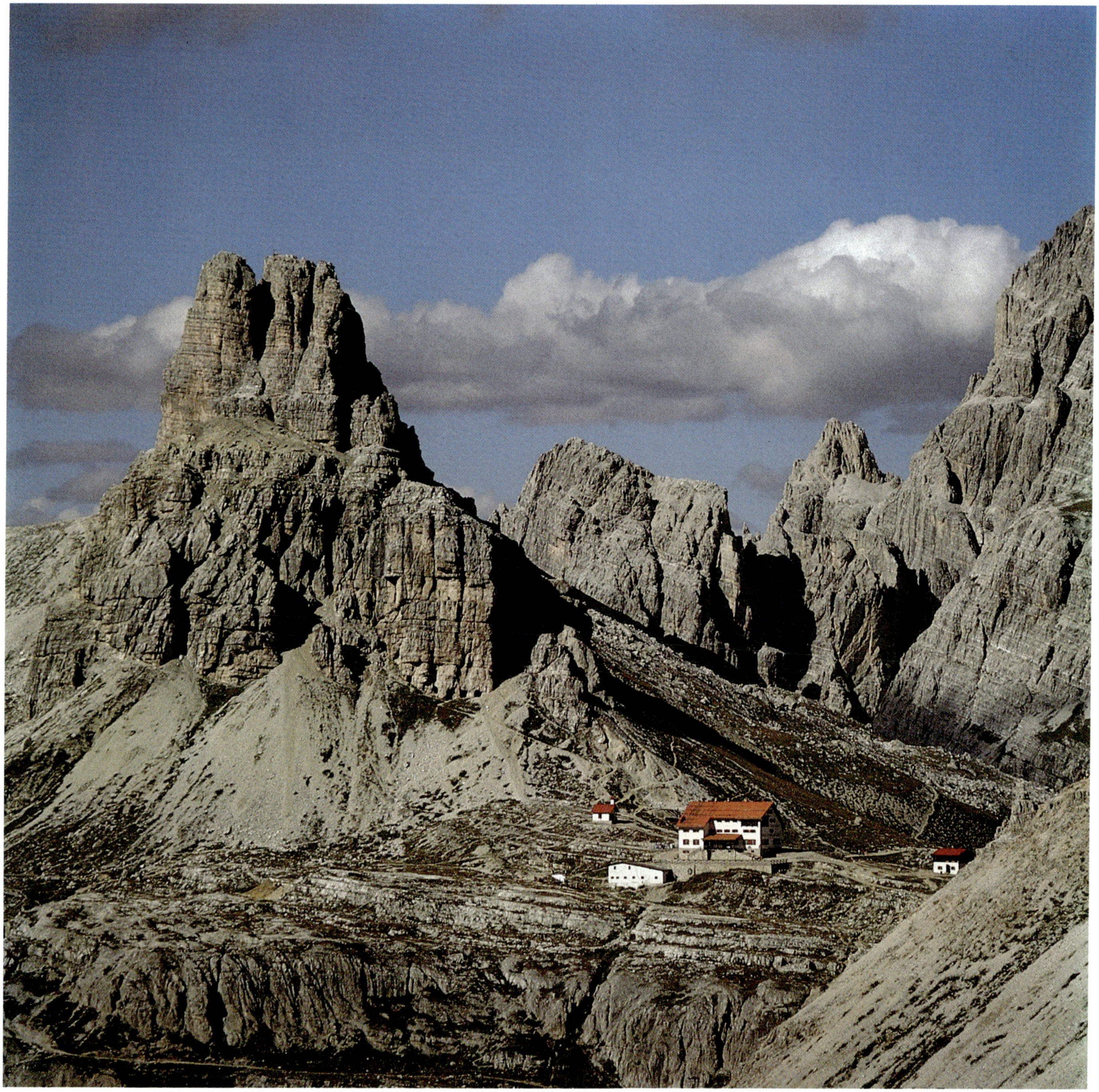

Schauspiele am Paternsattel

Noch ein "klassisches" Bild: Vom Paternsattel aus gesehen sind es wirklich nur drei Zinnen.

Am Morgen schiebt sich eine gewaltige Wolkenwand von Süden heran. Es sieht aus, als versuchte sie, die Drei Zinnen über die Lange Alpe zu schieben und ins Rienztal hinunterzukippen. Aber der Berg hält stand, die Wolken stauen sich an den Südwänden und lösen sich zwischen den Scharten auf. Die Nordwände bleiben frei vor klarem, blauem Himmel stehen. Ein großartiges Schauspiel.

Mittags branden andere Horden heran. Wohlausgerüstet mit Seidenblusen, kurzen Hosen, Leinenschlappen mit Bastsohle, im Minirucksack nichts als eine Pocketkamera. Kinder fallen und schlagen sich die Knie auf, weil Mütter und Väter sich selbst kaum auf den Beinen halten können. Eine steife Brise weht über den Paternsattel. Eine Tragikomödie.

Am Nachmittag fange ich langsam an, ganze Kisten voll Abfall aus dem fotografischen Blickfeld zu rücken. Ein Trauerspiel.

Abends geht hinter der Hohen Gaisl die Sonne unter. Es ist wieder still, vor dem letzten Akt.

Kunstwerke am Pian di Lavaredo

Blechdosen blinken frisch entsorgt in der Sonne. Andere liegen schon länger da und haben rostbraune Patina angesetzt. Plastikbehältnisse liegen dazwischen und künden in unerschöpflicher Formenvielfalt von der Kreativität ihrer Designer. Tausende Glasscherben brechen das Licht in den Farben des Regenbogens. Weiße Tupfer von feuchtem Zellstoff beleben das eintönige spärliche Wiesengrün. Da liegt der verschollene Zwillingsbruder eines einstmals traut vereinten Tourenskipaares neben abgenagten Hühnerbeinen. Die Krönung des Environments bildet ein Autowrack. Nur sportlich sind Bergkameraden also nicht. Sinn für moderne Aktionskunst haben sie schon auch. Ein Werk ähnlicher Optik mag da als Vorbild mißverstanden worden sein: „Zeige Deine Wunde!"

Ein gutes Stück abseits des Karawanenweges erreicht man Zonen, in denen der Schrott nicht so offen zu Tage liegt. Zuweilen hat sich ein Naturfreund ehrliche Mühe gegeben, seinen Abfall fein säuberlich in Spalten und Ritzen oder unter Steinen zu verstecken. Nachfolgende Generationen von Archäologen werden es ihm danken. Der Blick dessen, der im Heute einen Wert sucht, wendet sich den Drei Zinnen zu. Vieldeutig schweigend stehen sie über dem schönsten Müllplatz der Welt.

Blick vom Pian di Lavaredo zur Cadingruppe. Nichts zu sehen von dem, was oben beschrieben wurde. Nur Landschaft pur. Noch sind solche Plätze übrig.

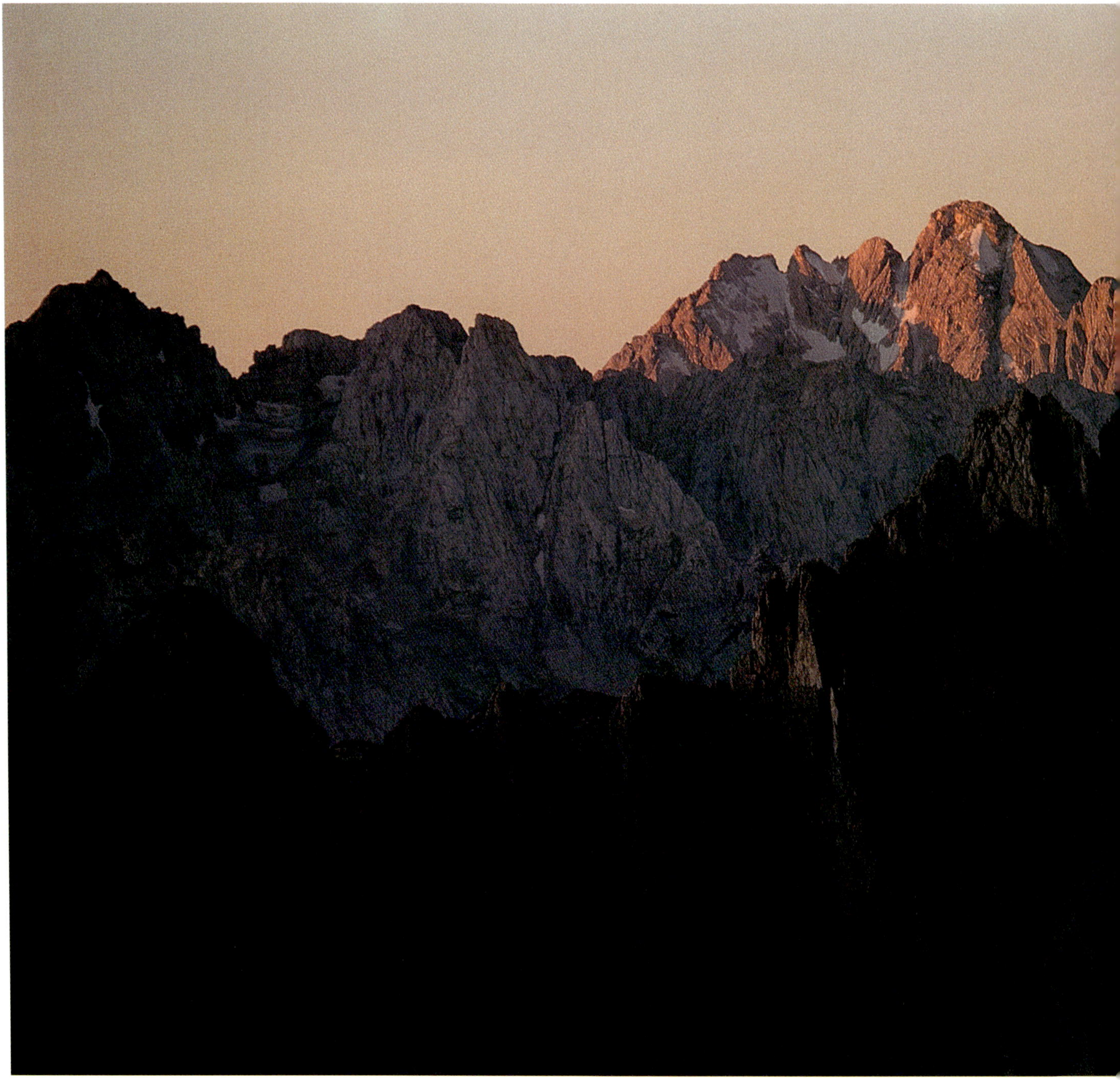

*Schwarz-Grau-Kupfer,
auch eine Trikolore.
Der Antelao hinter den
Marmarole und den
Cadinspitzen.*

Antornosee

Antornosee, Sorapis, Ruhe. Straße wegfotografiert.

Ich weiß nicht, warum alle vom Misurinasee schwärmen. Ist es der lauschige Parkplatz direkt am Ufer, der so anziehend wirkt, oder sind es die Pommes- und Andenkenkitschbuden? Sind es die blechgedeckten Beherbergungskästen, die malerisch die Aussicht verstellen? Wie dem auch sei, schöner liegt auf alle Fälle der kleine Antornosee, nur zwei hastige Autominuten entfernt. Und wenn nicht gerade ein mobiles Heim am Westufer parkt, ist der Blick zum Sorapis hinüber einfach traumhaft. Und früh am Morgen sowie spät am Nachmittag, wenn die Blechkarawane zu den Drei Zinnen noch nicht bzw. schon wieder vorbei ist, kann man sogar ohne allzuviel Verdrängungsakrobatik die Straße wegdenken und die Zinnen rundherum in Ruhe genießen.

Das Fahrerlebnis: Monte Piano

Drei Gründe gibt es, den Monte Piano zu besuchen. Da ist zum ersten das recht kurzweilige Erlebnis der Auffahrt zu nennen. Oben besteht – zum zweiten – die Möglichkeit, ein anheimelndes Freilichtmuseum zu bewundern, und zum dritten gibt es auch noch ein wenig Landschaft zu besichtigen. Also der Reihe nach:

Vertrauen Sie ruhig der Karte, die eine geteerte, breite Straße nach Art der Drei-Zinnen-Autobahn verspricht, und verzichten Sie auf den mühsamen Fußmarsch. Setzen Sie sich in Ihr schönes Auto und freuen Sie sich auf ein Bergstraßenerlebnis, das Sie mit unvergeßlichen Eindrücken reich beladen wieder nach Hause zurückkehren läßt – vielleicht –!

Schon nach ein paar noch flachen Anfangsmetern ist offensichtlich der Teer ausgegangen. Fürderhin beherrscht Geröll verschiedenster Größe und Scharfkantigkeit das „Straßen"-Bild. Die ersten großen Brocken der Spezies Schlerndolomit poltern bereits in Ihren Radhäusern. Zweiter Gang, ein paar hinterfotzig harmlose Kurven und schon kleben Sie links fast am Felsen. Rechts verspricht ein schmalbrüstiges, auffällig oft geknicktes Geländer mehr, als es in der Lage zu halten sein wird. Jetzt denken Sie daran umzukehren, da sind Sie der einladend breiten Serpentine schon auf den Leim gegangen. Es führt kein Weg zurück. Erster Gang, 30 Prozent Steigung.

Links klare blaue Luft, rechts die Wand. Zwischen diesen zwei Möglichkeiten paßt vielleicht gerade Ihr Auto durch – ohne rechten Außenspiegel! Wenn jetzt vor Schreck der Motor stirbt, sollten Sie ganz fest die Handbremse ziehen und den Wagen über das hoffentlich vorhandene Schiebedach verlassen. Sollten Sie allerdings eine Abkürzung nach unten nehmen wollen, steigen Sie ruhig links aus, Sie werden von keiner Leitplanke am freien Fall gehindert. Noch eine Spitzkehre. Die Räder versinken bis zu den Naben in fantastischen Schlaglöchern, das heißt sie springen geradezu begeistert von einem ins andere. Jetzt nur irgendwie den Fuß, egal welchen, auf dem Gaspedal fixieren, sich das Lenkrad nicht aus den Händen schlagen lassen und die Zähne fest zusammenbeißen, sonst ist die Zunge beim nächsten Scheitel-Dach-Kontakt ab. Schauen Sie nicht nach rechts, was Sie sehen würden, ist nur das Nichts. Wenn jetzt keiner entgegenkommt, sind Sie nur ein paar Ewigkeiten weiter schon an der Bosihütte und – vorerst – gerettet. Bis zur Abfahrt! Kommt ein anderer Wahnsinniger entgegen, werden Sie bis zur nächsten Schneeschmelze Auge in Auge, Scheinwerfer in Scheinwerfer verharren müssen, bis einer als Lawine abgeht!

Monte Piano bei Halbschuhwetter

Tollhaus mit schöner Aussicht.

Wer zu Fuß die Straße auf den Monte Piano bewältigt, muß kräftig schlucken. Einmal den Staub einiger wildgewordener Automobilisten, die, wie ich, entweder der Karte vertraut haben oder für irgendeine Off-Road-Trophy trainieren. Dann, oben angekommen, schluckt man nochmal beim Anblick der malerisch vor den Drei Zinnen postierten Kanone nahe der Bosihütte.

Diesen Eindruck kann man vertiefen, wenn man das ganze – reichlich fragwürdige – Freilichtmuseum des Stellungskrieges auf dem Gipfelplateau besichtigt. Man kommt sowieso nicht vorbei an all den Laufgräben, Stellungen, Unterkünften und Bombentrichtern, an all den alten Resten von Stacheldraht und den extra neu verlegten Rollen.

Ich kann mir nicht helfen, ich glaube nicht, daß derartige Ausstellungen dauerhaft zum Frieden mahnen können. Wer kann sich schon vorstellen, wie grausam dieser Krieg hier oben war, welche Eiseskälte, welche Massen von Schnee zusätzlich zur Angst vor tonnenweise umherfliegendem Eisen ertragen werden mußten? Heute steht man oben bei blauem Himmel ohne ein Wölkchen, die Sonne wärmt die klare Herbstluft über irgendwie sauber und adrett wirkenden Unterständen. Es herrscht Halbschuhwetter, das Panorama ist überwältigend. Wer sich daran satt gesehen hat, kann den Ort aufrechten Ganges verlassen, jederzeit.

Auf den Cinque Torri kraxeln die Olivgrünen herum, auf der Bödenalpe füttern sie ihre treuherzigen Tragtiere. Weißgewandete Kameraden bohren ein bißchen am Paternkofel herum. Durch das Höhlensteintal donnern zwei Düsenjäger im Formationsflug.

So schlimm kann das doch gar nicht gewesen sein!?

Phantasiegebilde am Passo Tre Croci

Auch am Tre-Croci-Paß hat man – mindestens – zwei Möglichkeiten, die Straße hinter sich zu lassen, um in Ruhe den Cristallo zu bewundern.

Geht man vom Paß aus durch den prächtigen Lärchenwald in Richtung Faloria, bieten sich herrliche Ausblicke auf diesen Riesenkristall, der seinen Namen wirklich zu Recht trägt. Die Berge und Gipfel der Dolomiten haben viele Namen: uralte ladinische, oft nach den Fluren unter diesen Riesen benannt, die schon früh bewirtschaftet wurden. Sie tragen deutsche und italienische Namen, nach Aussehen oder Gestalt, und sie ertragen Ernennungen nach Erstbesteigern und „Eroberern". Sie hören auf so schöne Namen wie Sass Pordoi, auf so halbwahre wie Drei Zinnen und auf solche wie Cima Eötvös. Die meisten von ihnen müssen sich sogar verschiedene Namen gleichzeitig gefallen lassen: L'Ciaval, Roßhauptkofel, Punta Cavallo, Sasso San Croce, Sass d'las Crusc, Heiligkreuzkofel.

Da bleibt für die Jünger des siebten Grades nichts mehr an Gipfeln zu benennen übrig. So überziehen sie halt die Wände mit Routen wie „Abrakadabra" oder „Hatschi-Bratschi", „Moderne Zeiten", eben.

Ich sitze auf den Wiesen von Lareto und betrachte den Cristallo, der von hier aus gesehen nicht so zackig in den Himmel sticht, sondern wuchtig über den dunkelgrünen Wäldern steht. Aus den Pale Perosegno grinst ein großer steinerner Fisch, der Kopf eines Felskobolds lugt über die Wand. So hat halt jeder seinen Spleen.

Aber warum sollte man nicht die Phantasie spielen

Rücken einer Riesenechse oder nur der La-Cesta-Grat?

lassen und sich so harmlos eine eigene kleine Welt erschaffen. Man mag „in den Fanes-Seen die silbernen Trompeten der Krieger Dolasillas schimmern" sehen, auch gut, da gehören sie hin. Wer Paläste, Dome und Burgen sieht, von mir aus, wenngleich bei mir die diversen Vergleiche mit Zwing-, Wall- und Gralsburgen ein ungutes Gefühl hinterlassen.

Kritisch wird es nur, wenn manch einer immer noch „die Geister der Helden des Gebirgskrieges in den Nebeln wabern" sieht und noch immer „voller Inbrunst das Echo des Kanonendonners vernimmt".

Cinque Torri

Antelao, Croda da Lago, Lastoni di Formin. Geheimnisvoll klingende Namen.

Der Torre Grande, Haus-Klettergarten der Cortineser Berg-Eichhörnchen, der Scoiattoli.

Ein schöner Weg. Ein Spaziergang führt zu den Bauklötzen, die das Kind eines Riesen hier hat fallen lassen. Wie Kinder nun mal sind, hat es vergessen, sie wieder wegzuräumen, und so stehen sie noch heute da, die Cinque Torri. Muß ich schreiben, daß hier auch eine Straße heraufführt? Nun ja, schließlich habe ich sie auch schon benützt, um so schnell wie möglich wieder zu diesem schönen Fleck Erde zurückzukehren. Wer in Hauptverkehrszeiten gerne Rückwärtsstoßen bis zur nächsten Ausweichstelle und Anfahren am Berg üben will, und wer zudem probieren möchte, wie weit sein Auto über die eingebauten Sprungschanzen fliegen kann, dem sei diese Straße wärmstens empfohlen.

Oben angekommen jedenfalls bietet sich ein großartiges Panorama. Berge mit magisch anziehenden Namen umstehen in weiter Runde den Wiesengrund: Cinque Torri, Cristallo, Antelao, Croda da Lago, Lastoni di Formin, Averau, Tofana di Rozes. Herz, was willst du mehr?

Federa. Eine Ruhe ist ...

Es gibt Leute, die fangen schon zu schnarchen an, bevor sie sich eigentlich recht zugedeckt haben.
Gerade auf Berghütten, scheint mir, ist dieses Phänomen weit verbreitet. Schnarchen, was sage ich! Selbst der vielzitierte Vergleich vom Abholzen ganzer Wälder ist unpassend und harmlos, denke ich an den Lärm, den diese zwei vollbärtigen Burschen in der Lavaredohütte erzeugt haben. Eine Mischung aus den Geräuschen zweier fauchender Dampflokomotiven, mehrerer Preßlufthämmer und einer startenden Concorde geben schon ein wenig treffender den Sound wieder, dem meine Frau und ich während der ganzen langen Nacht ausgesetzt waren. Die Jungs waren durch keine Abwehrmaßnahme zu beeindrucken: Weder freundliches Schnalzen mit der Zunge nach Louis-de-Funés-Art noch zimmerlautstarkes gutes Zureden halfen. Fußtritte von unten gegen die Matratzen blieben wirkungslos, nicht einmal wütendes Gebrüll – „a Rua is, zefix" – konnte diese Schnarchmaschinen stoppen. Die hatten einfach den Stecker rausgezogen und liefen nun über einen unauffindbaren Akku weiter. Da galt es, sich in sein Schicksal zu fügen und auf das baldige Anbrechen des Morgens zu hoffen. Als wir dann gegen sieben Uhr flohen, begannen sie tief und ruhig zu atmen.
Daran mußte ich denken, als ich in der Palmierihütte ankam und nur noch ein Bett im Lager frei war. War es der lange Weg vom Col Reàn her, der mich zermürbt hatte? War es die ganze sympathische Atmosphäre der Hütte, oder hatte ich einfach diesmal Glück mit meinen ruhigen Bettgenossen? Wie dem auch sei, so gut habe ich noch auf keiner fremden Unterlage geschlafen! Das vor allem fällt mir ein, wenn ich an diesen gastlichen Ort denke.
Aber im Gedächtnis haftet auch noch die Erinnerung

Der Tag bricht an.
Über der schwarzen Zackenreihe von Cristallo,
Drei Zinnen und Punta Nera
beginnt der Himmel zu brennen.

an den quer peitschenden Regen, dem wir – bei einem früheren Besuch – gerade noch entkommen konnten in die Geborgenheit der warmen Stube. Ich sehe in Gedanken die Vitrine im Gang stehen, voll mit seltsam geformten Steinen – Steinkernen der Muschel Megalodon – aus den Wänden der Croda da Lago. Und natürlich denke ich an den See mit dem Spiegelbild des Becco di Mezzodi.

Wetterwendischer Passo Giau

Tropfnaß die Wiesen und der Duranno.

Eben noch kam die Sonne strahlend herauf hinter den Drei Zinnen, aber schon beim morgendlichen Bad im reichlich kühlen Federa-See ziehen verdächtige Wolkenschleier über die Tofanen heran. In Windeseile haben sie den ganzen Himmel zugezogen, und als ich in Richtung Passo Giau wandernd an der Forcella d'Ambrizzola angekommen bin, beginnt es zu regnen. Den Regenumhang überstülpen und weitermarschieren, was bleibt anderes übrig.

Bald haben die Wolken alles verschluckt und hängen herunter bis auf die tropfnassen Wiesen. Vom Monte Pelmo ist nichts mehr zu sehen.

Unter dem Plastikzeug beginne ich zu schwitzen, langsam saugen sich die Schuhe voll Wasser, der Morast klebt das Sohlenprofil zu. Das zügige Schreiten ist zum Watschelgang geworden. Als es zu dick kommt, als das Grün der Wiesen nahtlos mit dem Grau der einzigen Wolke verschmilzt, finde ich notdürftige Zuflucht unter einem überhängenden Felsbrocken. Mühsam wird der Esbit-Ofen angeworfen und Kaffee gekocht, um die Kälte zu vertreiben, die einen nach wenigen Minuten des Verharrens überfällt.

Doch dann reißt der Regenvorhang auf und das diffuse Licht breitet eine seltsam melancholische Stimmung über die Landschaft. Der Pelmo erscheint grauschwarz auf der Bühne. Die Luft riecht nach Erde und Gras.

„Chiuso!" Campi di Rutorto

Es gibt solche und solche, wie immer. Auch Schutzhütten. Solche zum Beispiel, die keinen Schutz gewähren, weil man einen ganzen Tag zu spät kommt. Obwohl die Mannschaft noch komplett an Deck ist, obwohl man mit einer unbezogenen Matratze zufrieden wäre, weil man seinen Schlafsack dabei hat, obwohl man nichts zu essen und zu trinken verlangt, obwohl es regnet, obwohl die Dämmerung einsetzt und obwohl man zur nächsten Hütte – zurück – Stunden braucht.
Stichtag ist Stichtag. „Chiuso, basta!"

Die Civetta

Civetta und Coldaisee laden zum reichlich kühlen Bad.

Wenden wir uns wieder den Sonnenseiten des Lebens zu. Auf dem Weg zur Cima di Col Reàn lädt der Coldaisee zu einem Bad ein. Schnee liegt noch am Südufer im Schatten des Torre Coldai. Das Wasser ist zwei Zentimeter kalt, aber die Julisonne heizt mir auf dem Weiterweg bald wieder kräftig ein. Ich habe einen gewaltigen Durst, als ich endlich die Tissihütte erreiche. Dreimal beuge ich mich innerhalb weniger Minuten hinunter, um an der Küchendurchreiche einen weiteren halben Liter Milch zu bestellen. Dann genehmige ich mir als Aperitif ein Bier und ordere zu den Spaghetti einen Rotwein. Bevor Nanni ob der seltsamen Getränkemischung gleich völlig aus dem Häuschen gerät, gehe ich vor dasselbe und schaue mir, so ungläubig wie er mich betrachtet hat, das Fabelwesen aus Stein an, das vor der Hütte das gesamte Blickfeld beherrscht, die „Wand der Wände", die grandiose Civetta.

Steine poltern durch die Schluchten, Wasser rauscht durch die Risse und Kamine. Im Firnfeld mitten in der Wand sind – durch das Fernglas – Steigspuren zu erkennen, wie eine Käferspur im Wüstensand. Ich würde sterben vor Angst, wenn ich jetzt dort oben stehen müßte. Irgendwie ist diese gewaltige Mauer überhaupt nicht zu fassen. Eintausendzweihundert Meter senkrechter Fels widersetzen sich auch meinen Versuchen, sie fotografisch zu bezwingen. Die Kamera mit dem Weitwinkel nur ein wenig verkantet, schon stellt sich der Berg schief und droht nach hinten aus der Bildebene zu kippen. Die Größenverhältnisse stimmen nicht mehr. Was sich sonst als „Piccola" unterordnen muß, erhebt sich nun über die große Schwester. Das Abbild kann dem Original nicht standhalten. Die Wirklichkeit ist weit großartiger! Oder ist alles nur ein Trugbild?

Steinschlag am Passo Duran

Ziemlich unbekannte Steine, aber hart genug. Cantoni di Framont in der Moiazzagruppe.

Über die Vazzoler- und Carestiatohütte kann man von der Tissihütte aus den Passo Duran per pedes erreichen. Natürlich kann man ihn auch mit dem Auto ansteuern, wenn nicht gerade ein Stückchen Straße den Bach hinuntergegangen ist.

Die neue Toméhütte ist eher ein Hotel, geräumig, gemütlich, sehr freundlich geführt. Nach dem guten Abendessen hatte sich eine ganze Busladung Österreicher in der Bar um den Wirt geschart. Man wollte alles genauestens über die geologischen Verhältnisse der näheren und weiteren Umgebung wissen. Der Wirt, offenbar in dem Fach gut beschlagen, stand bereitwillig Rede und Antwort, und es entspann sich eine fast aufgeregte Diskussion. Da flogen mir – rein verbal natürlich – die triassischen Sedimentationen, die periadriatischen Nähte und Geosynklinalen, der metamorphe Paragneis und die oolithischen Strukturen nur so um die Ohren, ganz zu schweigen vom dolomitisierten Calziumkarbonat.

„Eigantlich spüht's eh ka Roin mea, aus wos der Staa woar, wann er dir erst auf'n Schädel g'foin is", bemerkt trocken ein älterer Herr in einer der kurzen Gesprächspausen, die beim raschen kollektiven Atemholen entstanden. Recht hat der Mann!

In das verblüffte Schweigen der eben noch so eifrigen Gelehrten kann ich endlich mein geleertes Rotweinglas erheben und noch einen halben Roten bestellen.

Geräuschkulisse im Val Pradidali

Lärm wird als störend meist empfunden,
dieweil er mit Geräusch verbunden.
(Frei nach Wilhelm Busch)

Geräusch macht er schon ganz erheblich, der kleine Bach, an dem wir unser Lager für einen heißen, sonnigen Septembernachmittag aufgeschlagen haben. Das schmale Bächlein rauscht zwischen Felsen aus dem Wald am Hang herab, zischt und gurgelt durch die Wiese, auf der wir liegen, und fällt tosend über eine Steilstufe weiter hinab, taucht wieder in den Wald ein und vereint sich mit seinem größeren Bruder, dem Pradidalibach, der uns beim Aufstieg zur verfallenen Schwaige schon ständige – angenehme – Geräuschkulisse war. Der kleine Wüstling erzeugt einen Krach, der es leicht mit jedem Stadtverkehrsphonpegel zur Rushhour aufnehmen kann. Trotzdem scheint das wild fließende Wasser auch meine Gedanken mit fortzutragen. Ich schlafe ein. Das ist mir neben der Autobahn noch nie passiert.

Der Sass Maor,
Anziehungspunkt für Extrembergsteiger
über dem Pradidalibach,
Anziehungspunkt für Ruhebedürftige.

Die Pala

Zwischen Valles- und Rollepaß zeigen die Dolomiten ihren ganzen Formenreichtum. Waagerecht übereinandergestapelt, gekippt, gestaucht, verbogen und durcheinandergerührt erscheint hier, was einst im Meer abgelagert wurde. Darüber, wild gezackt, ragen die einstigen Korallenkolonien in den Himmel. Das vielfarbige, formenreiche Leben hat sich von ihnen zurückgezogen und taucht – anders – auf den Wiesenhügeln rund um das ehemalige Riff wieder auf. Die Pala sucht ihresgleichen. Der Cimone ist einzigartig.

Cima Vezzana und Cimone della Pala, Überreste eines urzeitlichen Korallenriffs.

Die Königin

Ist man dem verunzierten Pordoijoch entkommen, und hat man den traurigen Platz, der – einst wohl zu Recht – Belvedere heißt, hinter sich gelassen, dann bietet sich den Augen ein glänzendes Bild: im Gegenlicht der Mittagssonne glitzert über der tief dunkelbraunen Erde des Weges blendendes Schneeweiß in der Ferne. Die Marmolada mit ihrer eisigkalten Schulter. Die „Königin der Dolomiten"?
Wohlbehütet wuchs sie auf, entwickelte sich zur Größe.

Die vornehme Blässe verdankt sie ihrer edlen Geburt aus Korallenkalk. Vom einfachen Meerwasser ihrer Umgebung und von ihren Geschwisterriffen hat sie sich zeitig abgesondert, hat sich zurückgezogen in die Abgeschiedenheit vulkanischer Schichten. So ist sie geblieben wie sie war, nicht zu Dolomit verkommen. Das hebt sie noch heute heraus, verhindert aber nicht, daß sie nunmehr das Schicksal vieler ihrer steinernen Untertanen teilt. Fremdes eingedrungenes Fußvolk, das vorgibt, ihr

Ein Bild wie aus früheren Zeiten. Noch immer kommen Wanderhirten von weit her an die Südhänge des Padonkamms. Durch die steilen Grasflanken führt der Bindelweg zur Marmolada.

Vulkanische Gesteine am Bindelweg.

zu huldigen, erniedrigt sie. Sie wird mit Drahtseilen gebunden und mit Eisenstiften gepiesackt. Man tanzt ihr auf der Nase herum und rutscht ihr ungebeten den Buckel herunter. Man pflanzt ihr Betonwarzen und Eisengeschwüre auf die graue Haut, zerfleddert ihren weißen Mantel und bewirft ihn mit Staub und Müll.

Schließlich heizt man ihr so ein, daß sie ihr eisiges Gewand wohl bald ganz abstreifen muß. Was dann, wenn sie wieder ganz nackt dasteht, wenn alles Eis und alles Eisen von ihr abgefallen ist? Wird dann noch jemand ihre Schönheit bewundern können? Einstweilen ist sie eher eine traurige Königin, aus der Nähe besehen.

Aufstieg zur Contrinhütte

Zuerst finde ich keine Markierung und steige prompt in eine Sackgasse. Dann, als ich den Weg endlich gefunden habe, legt er sich gleich wieder quer. Das heißt, er stellt sich steil auf, treibt mir den Schweiß aus den Poren, läßt den Atem jagen und dörrt die Kehle aus.

Nach dreihundert nahezu senkrechten – so jedenfalls kommt es mir vor – Höhenmetern steht, wie eine Oase in der Wüste, strategisch bestens plaziert, ein Wirtshaus. Da kommt wohl niemand dran vorbei, ohne einzukehren. Also erstmal die Gurgel spülen, die Zunge

Links: Die Marmolada im Talschluß von Contrin. Über der Talmündung erscheint die Langkofelgruppe (oben).

abschwellen lassen und den Puls herunterregeln. Wer weiß, wenn das so weitergeht ... Doch dann, als wäre nichts gewesen und als wäre er der gemütlichste Weg der Welt, legt er sich gleich hinter der rettenden Milchtankstelle flach und bietet einen kilometerlangen ebenen Spaziergang an. Ich schlendere mit plötzlich viel leichter scheinendem Rucksack dahin und denke: „Jetzt wird sie wohl gleich auftauchen, die Contrinhütte." Und tatsächlich, da weht die rot-weiß-grüne Fahne. Meilenweit weg allerdings, in luftiger Höhe. Ein arglistiger Geselle, dieser Weg.

Zwar qualmen, oben angekommen, die Füße, trotz zwischenzeitlicher Wäsche im Bach, aber wieder einmal hat sich die Mühe gelohnt. Bevor die Sonne hinter dem Langkofel versinkt, strahlt sie die gewaltigen Wände an, die den Talkessel von Contrin umschließen.

Passo Ombretta und höher

Anderntags steige ich zum Ombrettapaß hinauf. An der riesigen steinernen Schildkröte komme ich noch unbehelligt vorbei, doch dann hätte es mich beinahe erwischt: mein linker Fuß bricht unvermittelt in den Altschnee ein, der noch in großen Flecken der Julisonne standhält. Bis zur Hüfte versinke ich, falle gegen den Felsen und schramme mir die Wade auf. „Der Hax is ab", denke ich im ersten Moment, aber er hängt noch dran, als ich den Versuch mache, ihn herauszuziehen. Außer den paar Kratzern ist nichts passiert. Nur der Schreck sitzt noch eine Weile in den Gliedern. Wolken ziehen ringsum auf. Die Punta Penia aber, höchste Autorität weit und breit, hält ihr Haupt noch frei.

Auf dem Paß lärmt eine uniformierte Horde Kinder. Der Dompteur der Truppe bemüht sich, sie auf Celluloid zu bannen. Er dreht sich, verbiegt sich und kniet sich hin, um den Marmolada-Gipfel mit ins Bild zu bekommen. Es will nicht gelingen. Als ich sehe, daß er dieselbe Kameramarke benützt wie ich, und ich ihm mein Weitwinkelobjektiv anbiete, entgehe ich mit knapper Not der Ernennung zum Ehrenpfadfinder.

Abseits der Glasscherbenhaufen und des übrigen Mülls suche ich mir einen Platz zur Mittagsrast. Die Wolken werden immer dicker und decken bereits den Gipfelkamm der Marmolada zu. Ich mache mich auf in Richtung Civetta, die hinter einem Wolkenvorhang nur mehr zu ahnen ist. Am Fuß des steilen Schuttkegels angekommen, den ich, diesmal voll konzentriert, in rasendem Tempo herunterlief, bin ich erst einmal froh, mich nicht mehrmals überschlagen zu haben und halte kniezitternd inne. Da hinauf zu gehen, muß eine Strafe – ähnlich der des Sisyphus – sein.

Plötzlich glaube ich Stimmen aus der riesigen grauen Marmoladamauer zu hören: „Heinz!" Und dann irgend etwas auf italienisch. Ich reiße mein Fernglas heraus und suche die Wand ab. Tatsächlich, da tasten sich zwei Gestalten die Marmolada d'Ombretta hinauf. In ihren dunkelblauen Gewändern heben sie sich kaum vom Gestein ab. Irgendwie kommen sie nicht recht vorwärts, scheint mir, und die Stimme der Frau, zweite am Seil, klingt verärgert. Ich beobachte fasziniert ihre Versuche, höher zu kommen.

Nein, *der* Heinz kann das nicht sein. Luisa würde da schneller vorankommen. Und überhaupt, Heinz trägt immer Buntgemustertes und eher eine knallrote Baskenmütze als einen Plastikhelm. Die beiden hier können keine Profis sein. Schließlich weiß ich aus dem Studium diverser Fachzeitschriften und dem intensiven Blättern in Sportversandhaus-Katalogen, daß sich das Können eines Freikletterers proportional zur Farbigkeit seiner Hosen verhält. Ohne großflächigen Aufdruck auf neonleuchtendem T-Shirt, welches weithin verkündet, wie der Träger denkt – vorzugsweise „pink" nämlich – kann der ganze Kerl nichts wert sein!

Ich hab mir jetzt auch eine leuchtend grüne Hose zugelegt. Zu mehr als drei Klimmzügen reicht's trotzdem nicht.

Der Passo Ombretta, eingeschnitten zwischen der Punta Penia (im Bild), dem höchsten Gipfel der Marmolada, und den Cime d'Ombretta, gewährt auf engstem Raum einen Einblick in die Vielgestaltigkeit geologischer Formationen der Dolomiten. Die Wengener Schichten, schwarzes Vulkangestein (im Vordergrund sichtbar) treten am Paß zutage. Einst bedeckten sie im Meer das früher gebildete Riff der Marmolada vollständig und verhinderten so nach gängiger Lehrmeinung die Umwandlung des Riffkalks in Dolomit.

Das Vajolettal

Der herbstlich ausgebleichte Rosengarten.

Wieder so ein (Sommer-)Rummelplatz. Im Herbst jedoch, wenn selbst in Bayern die Ferienzeit vorbei ist, lichten sich die Besucherreihen und es wird erträglich, hier zu verweilen. Dann kann man sich im Gardecciakessel ein ungestörtes Plätzchen suchen und es schon unweit vom Parkplatz finden. Dann hat man genügend Zeit, die Rosengartenspitze zu begutachten. Und je länger ich hinsehe, desto weniger kann ich mich des Eindrucks erwehren, daß aus der Südostwand das Gesicht eines riesigen Tieres schaut. Schnauze, Ohren, Augen, das kalbsköpfige Vieh glotzt unverwandt herunter. Zwei Fliegen – in grauen Bundhosen und roten Pullovern – krabbeln zwischen den Hautfalten höher. Der Weg hinauf ins Gartl ist eigentlich kein Wanderweg mehr. Hier muß man schon ab und zu die Hände zu Hilfe nehmen, um in der Felsrinne hochzukommen. Aber der Weg lohnt, wenn die Zeit der „Gartl-Parties" vorüber ist. Die Vajoletürme stechen ins tiefe Blau des Himmels, der Blick hinunter nach Tiers und weiter in den Dunstkessel von Bozen ist atemberaubend.

Am Karersee

Acht Jahre haben wir in einer Latemarstraße gewohnt. Ziemlich schlimme Zeit, denn so gut wie immer mußten wir, wollte jemand aus irgendeinem Grund unsere Adresse notieren, mehrmals buchstabieren, was offensichtlich so schwer ins Ohr drang. Latima-, Latena-, Latemahstraße. Haben wir wirklich so genuschelt? Vorbei jedenfalls. Geigelstein ist einfacher, auch wenn meistens das mittlere „E" verlorengeht.
Jetzt ist nur noch die Karerpaßstraße unsere Latemarstraße. Immer wieder nimmt uns das bunte Treiben am abgasgrau verschleierten Parkplatz über dem Karersee gefangen. Nie kommen wir seltsamerweise dazu, echt fabrikgeschnitzte Brotzeitbrettchen zu kaufen, trinkspruchverzierte Biergläser zu erstehen oder Wanderstöcke mit Fahrradklingeln. Wie dringend benötigte ich eine grobgestrickte Schafwolljacke aus Peru, eine feingerippte Zweitunterhose made in Korea, von persischen Teppichen aus Hongkong ganz zu schweigen. Weiß der Himmel warum, aber ich finde einfach keine Zeit, eine einzige Postkarte mit dem Konterfei grimassenschneidender Landbewohner zu kaufen.
Statt dessen pilgern wir ermüdend zum sattsam bekannten Latemar, stopfen uns am Weg voll mit roten Beeren aller Art und atmen dem Wald reine Luft weg. Was soll bloß aus dem Bruttosozialprodukt werden?

Latemar und Karersee. Diesmal verregnet.

Die Nacht am Schlern

Am Ende, zu guter Letzt, doch noch auf den Schlern! Etwas verdutzt und ratlos schaut mich die Bäuerin an. So als würde sie sich langsam an etwas erinnern, das sie in ihrer Jugend wohl öfter gehört hat, fragt sie ungläubig: „Im Heu wollen Sie schlafen?" Ja, genau, das will ich! Endlich mal wieder diesen Duft eine ganze Nacht lang in der Nase kitzeln lassen, die Wärme spüren, die aus den untersten Schichten so einer angenehm weichen Naturmatratze aufsteigt. Wie lange ist es her, daß wir in den Schulferien, nur ein paar Mark in der Tasche, durch halb Europa gezogen sind, kostenlos auf einen Wink mit dem Daumen chauffiert wurden? Wie gut hat uns der junge Mais geschmeckt, frisch vom Feld, ein paar Körner Salz darauf gestreut, und wie feudal haben wir in diversen Heuhotels umsonst übernachtet! Heutzutage sind alle Stadl fest verbarrikadiert. Ohne ein Zelt mitzuschleppen – was ich inzwischen mache – blieb vorher nur die Wahl zwischen irgendeinem überdachten Balkon, einer halbfertigen Hütte, einem Platz unter dem Tisch einer Veranda oder einem ebenso unbequemen und auch noch teuren Pensionsbett.

Als die gute Frau die Überraschung weggesteckt hat, will sie mir nicht etwa eines ihrer Fremdenzimmer andienen, nein, sie öffnet mir die große Tenne und fragt, ob sie nicht ein paar Decken bringen soll. Ja, so etwas gibt es doch noch in Mitteleuropa! Ich verweise auf meinen Schlafsack und lehne dankend ab. Da zeigt sie mir noch den Brunnen, an dem ich mich waschen könne, wünscht mir eine gute Nacht und läßt mich (potentiellen Brandstifter) mit leichtem Kopfschütteln allein. Ich nehme das Waschwasserangebot erst am nächsten Morgen wahr, nach einer denkwürdigen Nacht, in der mich nur ein gewaltiges Gewitter kurz aus meinen Träumen reißen konnte. Die Sonne strahlt auf die Schlernzacken, streift über das taunasse Gras. Aus der glitzernden Wiese wächst der Kirchturm von St. Valentin.

Mittags bin ich schon auf dem Schlern, schaue mir Seis von oben an, spaziere über das weite Wiesenhochplateau und warte auf das Glühen des Rosengarten. Ausgerechnet dieses Mal aber will er sich nicht rot färben.

Fast hätte ich schon die Kamera weggelegt, da schaue ich nochmal aus dem Fenster meines Zimmers im Schlernhaus: der Rosengarten präsentiert sich in Blau. Woher kennt er nur meine Lieblingsfarbe?

Das Land, in dem die Kirchtürme wachsen.
St. Valentin am Schlern.

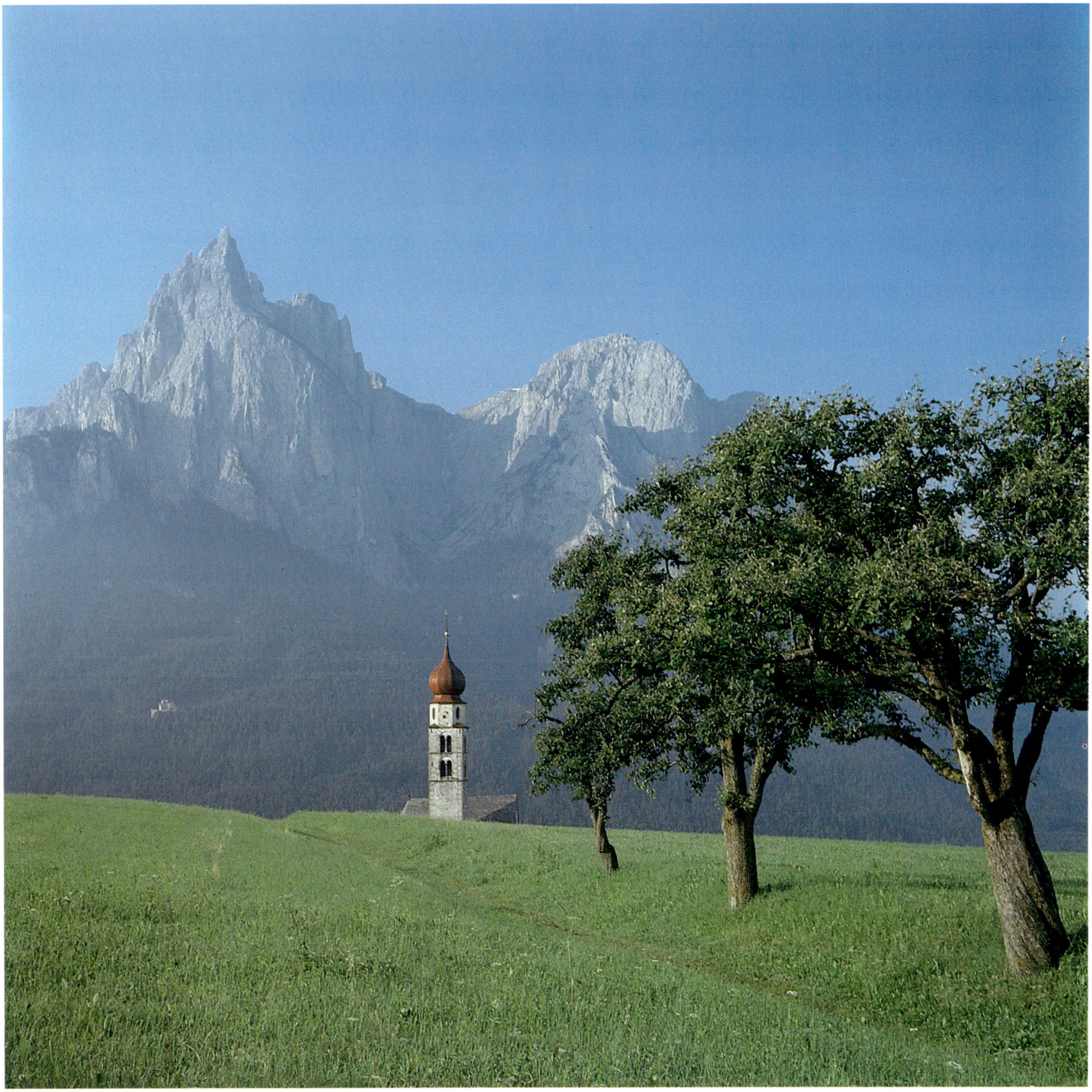

Wandertouren in den Dolomiten

Nachfolgend werden folgende Bergwandertouren beschrieben:

1. Herrensteige, Villnöß
2. Ranui – Gschnagenhartdtalm – Broglesalm
3. Broglesalm – Raschötz
4. Bad Ratzes – Schlern
5. Seiseralm
6. Wolkenstein – Pic
7. Steinerne Stadt – Ciavazes
8. Val Salei
9. Karersee – Latemar
10. Val Pradidali
11. Penia – Contrin
12. Rif. Contrin – Rif. Falier
13. Campill – Kreuzkofeljoch
14. Campill – Pedraces
15. St. Kassian – Pralongia
16. Pralongia – Sief – Passo Valparola
17. Capanna Alpina – Klein Fanes Alm
18. La Varella Hütte – Paromsee
19. Capanna Alpina – Lagazuoi
20. Falzarego – Rif. Cinque Torri
21. Passo Giau – Rif. Palmieri
22. Casere di Pioda – Rif. Tissi
23. Ra Stua – Rif. Fodara Vedla
24. Plätzwiesen – Strudelköpfe
25. Drei-Zinnen-Runde

Erläuterungen zu den Stichworten der 25 folgenden Tourenvorschläge

Zufahrt

Schnellste und einfachste Zufahrt in den Dolomitenraum von Norden wird in aller Regel die Strecke über den Brenner sein. Sich ab „Insbruck-Süd" zwischen der Bundesstraße und der Autobahn zu entscheiden, ist eine Zeit- und Geldfrage. Hat man es eilig, sagt ja zum legalen Straßenraub, liebt man es, durch Baustellen hinter Lkws herzuzuckeln, für einspurige Befahrbarkeit zu zahlen, festzustecken ohne Chance, den Stau im nächsten Gasthaus auszusitzen, wählt man die Autobahn. Die Wipptaler mögen mir verzeihen. Und manchmal geht's auf der Autobahn wirklich schneller.

Es darf vorausgesetzt werden, daß der automobile Mensch über Kartenmaterial verfügt, welches ihm den Weg weist. Wer Neuland befährt, wird sich wohl eine entsprechende Gebietskarte zulegen. Die Zufahrtsbeschreibung zu den einzelnen Wandertouren beschränkt sich deshalb auf Stichworte, die die Orientierung erleichtern und die Zielpunkte mit Hilfe der Straßenkarte finden lassen, auch wenn man aus anderer Richtung anfährt, weil man beispielsweise schon einige Tage oder Wochen das Gebiet kreuz und quer durchstreift.

Vom Brenner fährt man hinunter durch das Tal des Eisack. Aus dem Eisacktal führen in östlicher Richtung hinter Franzensfeste – bis hinunter nach Bozen – mehrere Seitentäler in die Dolomiten. Als erstes zweigt hinter Franzensfeste das Pustertal ab. Aus dem Pustertal zweigt vor Bruneck, bei St. Lorenzen, das Gadertal ab (Zufahrt zu den Touren 13, 14, 15, 16, 17, 18, 19 und 20). Zwischen Welsberg und Niederdorf zweigt aus dem Pustertal das Pragser Tal ab (Zufahrt zu Tour 24). In Toblach führt aus dem Pustertal das Höhlensteintal nach Süden (Zufahrt zu den Touren 20, 21, 22, 23 und 25). Nach Brixen, kurz vor Klausen, mündet das Villnößtal ins Eisacktal (Zufahrt zu den Touren 1, 2 und 3). Das Grödnertal mündet bei Waidbruck ins Eisacktal. Schneller führt aber die Straße von Klausen aus in das Tal (Zufahrt zu den Touren 3, 5, 6, 7, 8, 11 und 12). Von Waidbruck im Eisacktal führt eine Straße nach Kastelruth und Seis (Zufahrt zu Tour 4). Bei Bozen endet das Eisacktal. Kurz vor der Stadt führt von Karneid aus die „Große Dolomitenstraße" ins Eggental und zum Karerpaß (Zufahrt zu den Touren 9 und 10).

Talorte

Hier wurden solche gewählt, die wegen ihrer Nähe zum Ausgangspunkt der Tour und wegen ihrer touristischen Infrastruktur (wie das so schön heißt) am geeignetsten erscheinen. Manch einer wird vielleicht, der Ruhe halber, einen kleineren, eher abseits gelegenen Ort wählen. Soll er auch.

Ausgangspunkt

Es werden die genannt, welche den kürzesten Zugang zur Tour ermöglichen, der mit eigenem Auto oder auch mit dem Linienbus erreichbar ist. Hier beginnt spätestens die Diskussion, was nun „fair means" sind. Von Hamburg aus barfuß oder vom Falzaregopaß mit der Seilbahn auf den Lagazuoi?

Einkehr und Unterkunft

Ein heikles Thema, da der Gast/Kunde nur noch selten als König behandelt wird, außer was die Erwartungen an seine Zahlungsfähigkeit betrifft. Auf Qualität oder Freundlichkeit der Bewirtung wird deswegen im folgenden, bis auf wenige Ausnahmen, nicht eingegangen. Auch deswegen, weil dies, in manchen Fällen hoffentlich bald, schließlich einem Wandel unterliegen kann. An Hütten wird nur erwähnt, was unmittelbar an der Wanderroute liegt. Bieten sie Platz zum Übernachten, wird auf die Anzahl der Betten (B) bzw. Lager (L) hingewiesen. Einkehren und mehr oder weniger (meist weniger) luxuriös speisen sowie trinken kann man in allen genannten Häusern. Öffnungszeiten können variieren und werden nach bestem Wissen genannt. „Ganzjährig" kann zum Beispiel durchaus bedeuten, daß im November geschlossen ist.

Höchster Punkt

Die höchsten Punkte der beschriebenen Touren sind meist keine Gipfel. Überwiegend führen die Routen über mittlere Höhenlagen. Die umliegenden Gipfel erheben sich über dem staunenden Betrachter.

Höhenunterschied

Die Angaben in Metern, die im Auf- und Abstieg bewältigt werden müssen, sagt natürlich einiges über die Anstrengungen einer Tour aus. Allerdings spielen dabei auch viele Faktoren eine Rolle, wie (Tages-)Form, Ausrüstung, Gepäck und Wetter. Bei schlechten Bedingungen wird der Schlern zum Everest. Wird zum Ausgangspunkt einer Tour zurückgekehrt, fällt die Zeit für den Abstieg meist etwas geringer als die für den Aufstieg aus. Aber auch für den Abstieg, zumal auf schwierigen Steigen, gilt, sich genügend Zeit zu lassen, um die Gelenke nicht über Gebühr zu strapazieren.

Gehzeiten

Es handelt sich um reine Gehzeiten, der eigenen Erfahrung entsprechend, was nicht heißt, daß ich nicht oft länger gebraucht hätte, bei Hitze oder Nässe, mit schwerem Rucksack oder wenn die beschriebene Tour nur ein Teilstück einer tatsächlich begangenen Strecke war. Es sind Annäherungswerte, die „normale" Bedingungen voraussetzen. Längere Rastzeiten bleiben unberücksichtigt, wie natürlich auch die Motivsuche mit der Kamera. Abends auf der Hütte kann man immer wieder – unfreiwillig – Gespräche mithören des Inhalts, wie weit man doch die im Führer angegebene Zeit unterschritten hätte. Sehr tüchtig. Gesehen aber hat derjenige auf dem Weg wohl kaum etwas.

Karten

Es gibt so viele und perfekt ist keine. Ärgerlich sind die oft großen Überschneidungen innerhalb eines Systems. Abweichungen in der Aussage zwischen den einzelnen Anbietern sind häufig, aber für den Wanderer nicht gravierend. Grundsätzlich gilt: je größer der Maßstab, um so besser. Eine gute Übersicht zum Kennenlernen eines Großteils der Dolomiten bietet die Freytag & Berndt-Karte WKS 5, Cortina d'Ampezzo, Marmolada, St. Ulrich (1 : 50 000).

Zur Tourenbeschreibung wurden folgende Karten herangezogen:
Freytag & Berndt, Wien:
WKS 1, Bozen–Meran und Umgebung,
WKS 3, Pustertal, Bruneck, Drei Zinnen,
WKS 5, Cortina d'Ampezzo, Marmolada, St. Ulrich,
WKS 7, Überetsch, Kalterer See, Südtiroler Unterland,
WKS 10, Sextener Dolomiten, Ampezzo, Marmarole –
alle im Maßstab 1 : 50 000.
Kompaß-Wanderkarten, Bozen–München–Innsbruck:
Nr. 54, Bozen (K 54)
Nr. 55, Cortina d'Ampezzo (K 55)
Nr. 56, Brixen (K 56)
Nr. 57, Bruneck–Toblach (K 57)
Nr. 58, Sextener Dolomiten (K58)
Nr. 59, Sellagruppe – Marmolada (K 59)
Nr. 76, Pale di San Martino (K 76)
Nr. 77, Alpi Bellunesi (K 77)
alle im Maßstab 1 : 50 000.
Casa Editrice Tabacco, Udine:
Nr. 03, Cortina d'Ampezzo e Dolomiti Ampezzane (T 03)
Nr. 05, Gröden/Seiseralm (T 05),
Nr. 06, Val di Fassa e Dolomiti Fassane (T 06),
Nr. 07, Hochabtei/Livinallongo (T 07),
Nr. 010, Sextener Dolomiten (T 010),
alle im Maßstab 1 : 25 000.

Tourencharakteristik

Eine kurze, möglichst objektive Bewertung der Schwierigkeiten und Anforderungen der Tour unter Normalbedingungen. Das Tragen von Sandalen, der Einfall von Nebel oder ähnliche Widrigkeiten bleiben hier unberücksichtigt. Auf Besonderheiten des Weges und der landschaftlichen Gegebenheiten wird hingewiesen. Eigentlich gibt es sowieso keine Wege in den Dolomiten, die nicht herrliche Landschaftseindrücke bieten, es sei denn, man wandert auf der Hauptstraße durch Mazzin beispielsweise. Schwierigere und überlaufene Wege gibt es allerdings.

Beste Jahreszeit

Natürlich ist beste Wanderzeit im Sommer, wenn die Tage lang sind und die Sonne auch in der Höhe für Wärme sorgt. Allerdings scheint auch der Winter in den letzten Jahren eher zum Wandern als zum Skifahren anzuregen. Für Blumenfreunde bieten die Monate Juli und August die größte Pracht. Diese Zeit wird, wer heuschnupfengeplagt ist oder wer Angst vor Gewitter hat, tunlichst meiden. Aber nicht nur in den Wiesen sprießt es und die Wolken quellen zu gipfelverschlingenden Ungetümen, auch die Zahl der Wanderlustigen schießt ins Kraut. Wer die Ruhe sucht, für den ist die beste Zeit der Herbst von Mitte September bis weit in den Oktober. Stabile Hochdrucklagen sorgen in diesen Wochen meist für seidig blauen Himmel. Die klare Herbstluft bietet grenzenlose Fernsicht und bestes Fotolicht. Dafür wird es in den Tälern fast etwas zu still. Ab Anfang Oktober schließen viele gastronomische Betriebe, mancherorts werden regelrecht die Bürgersteige hochgeklappt. Eine Schönwettergarantie bietet keine Jahreszeit. Sogenanntes schlechtes Wetter reduziert drastisch die Zahl der Mitwanderer, bringt Ruhe und für den Fotografen oft die besten Stimmungsbilder. Die Bestimmung des Begriffs „beste Jahreszeit" ist also etwas problemtisch. Außerdem gibt es für den, der hauptsächlich der Bewegung willen unterwegs ist, sowieso kein schlechtes Wetter, sondern höchstens falsche Kleidung. Womit wir beim Thema Ausrüstung wären.

Ausrüstung

Das Wichtigste überhaupt sind knöchelhohe Berg-Wander-Schuhe (neudeutsch: Trekkingschuhe) mit fester, griffiger Profilsohle aus Gummi. Solche Schuhe sind leicht und trotzdem stabil genug, um auch in felsigem Gelände Halt zu bieten. Die relativ geringe Investition sollte jedem die eigene Gesundheit wert sein. Turnschuhe sind wenig geeignet, nicht nur im Abstieg, bei losem Untergrund oder bei Nässe. Straßenschuhe gehören, wie schon der Name sagt, nicht auf Bergpfade. Regen-, Wind- und Kälteschutz müssen auf jeder Tour im Rucksack sein, auch wenn sie bei strahlendem Sonnenschein begonnen wird. Zu schnell schlägt das Wetter im Gebirge um. Heute gibt es so leichte Bekleidungsmaterialien, daß deren Mitnahme wirklich nicht ins Gewicht fällt. Und besser ist es in jedem Fall, etwas mehr zu schleppen als zu frieren und sich zu erkälten. Die Mitnahme einer Taschenlampe und einer Signalpfeife macht den Rucksack auch nicht viel schwerer, hilft aber – besonders wenn man allein unterwegs ist – sich bemerkbar zu machen, falls man in Bergnot gerät. Zur Zeit kommen wieder Wanderstöcke in Mode, zu Recht. Sie schonen die Gelenke zumal im Abstieg. Dabei müssen es gar nicht teure verstellbare High-Tech-Geräte im neuesten Design sein. Die gute alte hölzerne Alpenstange, mannshoch mit individueller, in Sekundenbruchteilen verstellbarer Griffhöhe (vermittels einfachem Umgreifen) tut's auch. Sie ist zwar etwas sperrig im Transport, dafür aber gratis und blitzunanfällig. Natürlich kann man das Thema „Ausrüstung" zum Roman aufblähen. Es gibt noch eine Menge nützlicher Dinge, die man besser dabei hat als nicht: Kompaß, Messer und Verbandszeug etwa, Brotzeit und ausreichend Trinkbares (in leichten Aluflaschen) nicht zu vergessen, eine Gebietskarte sowieso. Je nach Schwere und Dauer der Tour oder deren Abgelegenheit ist im Einzelfall zu überlegen, was mitgenommen wird. Zu viel, zu Schweres belastet natürlich auch. Oft ist es, wer weiß das nicht aus eigener Erfahrung, aber so, daß man gerade das am nötigsten braucht, was nicht zur Hand ist. Die meisten Unfälle im Gebirge passieren auf Wandertouren. Deshalb ist ein Mehr an Ausrüstung für – und auf – alle Fälle einem Weniger an Anstrengung vorzuziehen.

Die im folgenden vorgeschlagenen Wandertouren sind überwiegend leicht zu begehen und wenig anstrengend. Sie ermöglichen einen genußvollen Einblick in die klassische Dolomitenlandschaft und – an Ort und Stelle – aus eigener Anschauung und dem Studium der Wanderkarte einen Überblick, der es leicht macht, seine Kreise weiter zu ziehen und auf eigene Entdeckungsreise zu gehen. Denn wer erst einmal in den Dolomiten gewandert ist, kommt nicht mehr davon los. Viel Spaß also!

1 Herrensteige, Villnöß

TOUR 1 IN STICHWORTEN

Zufahrt: Im Villnößtal über St. Peter und St. Magdalena zum Parkplatz Zanser Alm.
Talort: St. Peter (1150 m). 2200 Einwohner incl. der Gemeindeteile Teis und St. Magdalena. Verwaltungssitz der Gemeinde Villnöß mit Gasthöfen und Hotels, Geschäften und Verkehrsamt.
Ausgangspunkt: Parkplatz Zanser Alm (1670 m).
Einkehr und Unterkunft: Im Wegverlauf keine. Am Anfang bzw. Ende der Wanderung: Hotel Sass Rigais (25 B, 1.6.–30.9.), Gasthof Zanser Alm (12 B, 1.6.–30.9.). Beide auf der Zanser Alm.
Höchster Punkt: ca. 2250 m.
Höhenunterschied: 570 m, Auf- und Abstieg.
Gehzeit: 4 Stunden.
Karten: f&b S 5, K 56.
Tourencharakteristik: Unschwierige, größtenteils mäßig anstrengende Tagestour. Teils auf schmalem, über kurze Passagen steilem Steig. Großartige Aussicht auf die Geislerspitzen.

Im Villnößtal, einem Seitental des Eisacktals, gelangt man mit dem Auto (oder Linienbus ab Bahnstation Klausen) über St. Peter und St. Magdalena bis in den hintersten Winkel zu den Parkplätzen bei der Zanser Alm. Dann geht es nur noch zu Fuß weiter, denn die weiterführenden Fahrwege zu den Almen und Hütten bleiben den Anliegern vorbehalten. Wenden wir uns ab vom Parkplatztrubel und kehren auch den grandiosen Felszacken der Geislerspitzen, die ihre Nordwände über bewaldeten Kuppen zur Schau stellen, vorerst den Rücken. Begeben wir uns auf die Wanderung über die Herrensteige, auf denen die Anwesenheit von Damen durchaus zulässig ist. Herrensteige heißen die Wege auf der Südseite der Aferer Geiseln nur der früheren – und heute noch bestehenden – Besitzverhältnisse wegen. Die Obrigkeit (= die „Herren") ist Besitzer der Wälder unter dem Rueffenberg. Heute kann allerdings jeder, der leidlich gut zu Fuß ist, diesen schönen Fleck Erde, wenigstens für Stunden, in seinen Besitz nehmen.

Am hölzernen Kiosk bei der Einfahrt zum Parkplatz geht man, der Markierung 33 folgend, den Kaserilbach sanft ansteigend entlang, bis kurz vor einem Wegkreuz ein Wegweiser und die Markierung 32 A auf den oberen

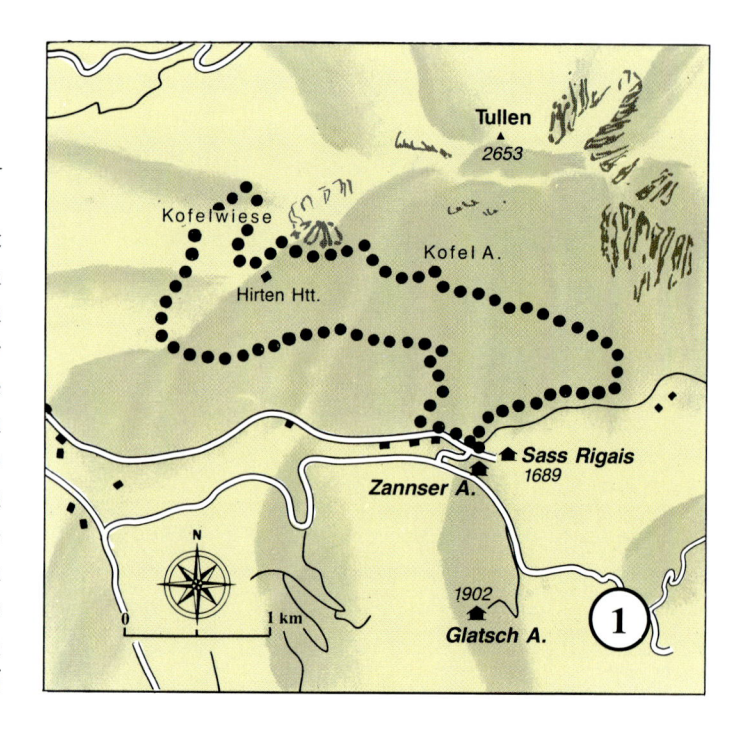

Herrensteig verweisen (½ Std.). Ziemlich steil geht es jetzt im Zickzack durch den Wald gut 200 Meter empor, bis der Baumbestand lichter und der Steig weniger anstrengend wird (½ Std.). Mehrere Schuttrinnen querend, die schon Anfang Herbst längst kein Wasser mehr führen, geht es wenig ansteigend, jetzt oberhalb der Baumgrenze, über karge Schafweiden, vorbei an der Abzweigung zum Günter-Messner-Steig, bis zu einem kleinen Joch zwischen ein paar graswachsenen Hügeln links und den felsigen Ausläufern des Rueffen rechts (1 Std.). Etwas vorher führt eine Wegspur durch die Wiesen zu einer verlassenen Hirtenhütte, wo sich prächtig Brotzeit machen läßt im Angesicht der gesamten Kette der Geisler. Auch ein Blick in die verfallende Hütte lohnt. Er gibt Aufschluß über das armselige Leben in übermächtiger und überwältigender Natur. Soll man auf so abgelegene Plätze hinweisen? Auch beim Abstieg über die Kofelwiese und den unteren Herrensteig wird klar, daß nur wenige den Weg auf die Herrensteige finden. Gut so. Nach ausgiebiger Pause – oder auch nach einer Nacht im spärlichen Stroh, bei Gewitter, bei Gemsenbesuch, bei Morgensonne und Wolkentreiben – geht es weiter. Vom Joch an einem Rinnsal vorbei zum links unten sichtbaren Heustadel auf der Kofelwiese (½ Std.). Ein Wegweiser „Zans" und die Markierung 32 führen hinab in den Wald. Von den Geislerspitzen ist nichts mehr zu sehen, dafür tut sich wenig später ein atemberaubender Tiefblick auf St. Magdalena auf. Von der Bank am Rande des Abgrunds kann man fast die Füße in denselben baumeln lassen. Weiter geht es abwärts durch den dichter werdenden Wald. Umgestürzte Bäume liegen über dem Weg. Niemand begegnet einem. Ab und zu gibt eine Baumlücke den Blick auf die Geisler frei, dann schwenkt der Steig rechts ab. Steil geht es über Wurzelwerk hinab, zurück in die Zivilisation. Parkplatz Zanser Alm (2 Std.).

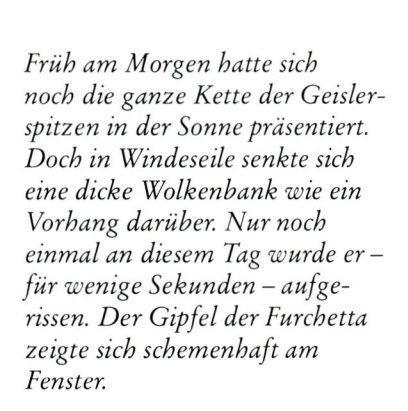

Früh am Morgen hatte sich noch die ganze Kette der Geislerspitzen in der Sonne präsentiert. Doch in Windeseile senkte sich eine dicke Wolkenbank wie ein Vorhang darüber. Nur noch einmal an diesem Tag wurde er – für wenige Sekunden – aufgerissen. Der Gipfel der Furchetta zeigte sich schemenhaft am Fenster.

2 Ranui – Gschnagenhardtalm – Broglesalm

TOUR 2 IN STICHWORTEN

Zufahrt: Im Villnößtal nach St. Magdalena. Am Ortsende zum Parkplatz in Ranui.
Talort: St. Peter (siehe Tour 1). Auch in St. Magdalena oder Ranui diverse Unterkunftsmöglichkeiten.
Ausgangspunkt: Parkplatz Ranui (1370 m).
Einkehr und Unterkunft: Gschnagenhardtalm (2000 m), Broglleshütte (2045 m, 20 B, 20 L, 20.6.–3.10.).
Höchster Punkt: Broglesalm, 2045 m.
Höhenunterschied: 800 m Aufstieg, 125 m Abstieg.
Gehzeit: 4 Std.
Karten: f&b S 5, K 56, T 05.
Tourencharakteristik: Unschwierige, ziemlich anstrengende Tagestour. Bis zur Gschnagenhardtalm etwas eintönig auf breitem Waldweg. Zur Broglesalm auf dem eindrucksvollen Adolf-Munkel-Weg. Prächtige Nahblicke in die Nordwände der Geislerspitzen.

Man kennt dieses Bild: kleine Kirche vor großen Felszacken, winziges Menschenwerk vor urgewaltiger Naturkulisse. Eines Tages steht man selbst davor, noch winziger. Ranui heißt der Platz, dem St. Johann ist die Kirche geweiht, und darüber türmen sich Furchetta und Sass Rigais. Davor noch ein bewaldeter Hügel, immerhin rund 700 Meter über dem Betrachter. Hinter dieser Kuppe verbirgt sich die Gschnagenhardtalm. Vom Parkplatz aus führt eine – gesperrte – Fahrstraße über den Klieferbach. Links, am Zanserbach (verschiedene Karten nennen für beide Bäche verschiedene Namen), zweigt ein mit 33 markierter Weg ab. Ein Stück weiter zweigt ein Ast der Straße nach links ab,

markiert mit 34. Diesen entlang wandert man, zunächst wenig ansteigend, bis zur ersten Kehre und zweigt dort ab in Richtung Düsler Alm. Jetzt wird es anstrengender. In weiten Kehren geht es, immer durch Wald, hinauf, bis man ziemlich unvermittelt hinaustritt auf die grasbewachsene Kuppe der Gschnagenhardtalm, überwältigt vom Anblick der jetzt ganz nahen Geislerspitzen (2 Std.). In der kleinen bewirt-

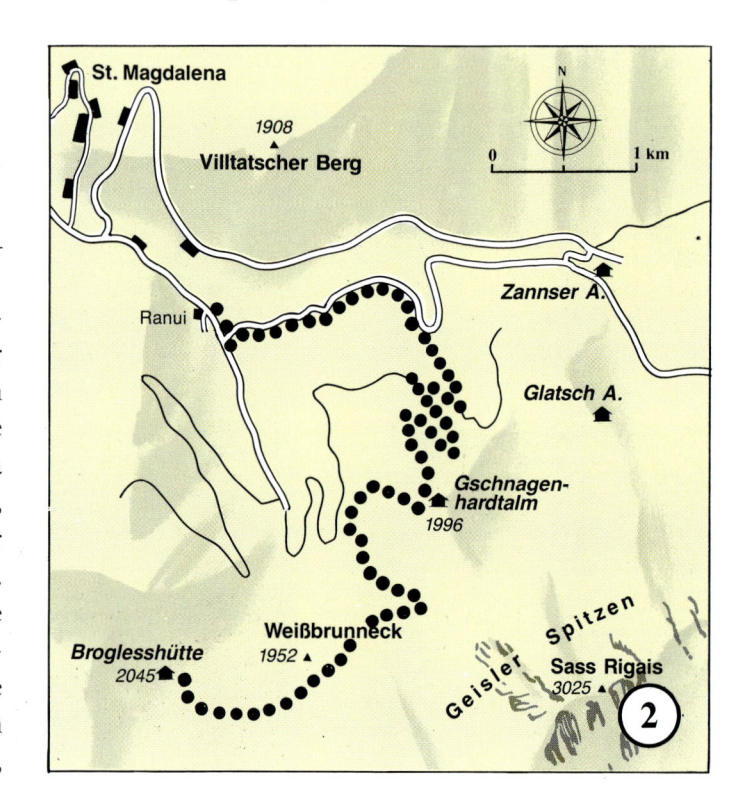

Im Lauf der Jahrmillionen wird aus todbringender Lava Lebensraum für Flechten und Blumen. Von Wasser und Frost gespaltener Porphyrblock auf der Raschötz.

schafteten Almhütte kann man Essen und Getränke bekommen. Wer will, kann sich auch auf das Abenteuer einlassen, nebenan Wand an Wand mit den Rindviechern zu nächtigen. Wer rechtzeitig oben ist und das Sonnenuntergangsschauspiel an den Geislern aus schrägerer Perspektive bewundern möchte, geht weiter zur Broglesalm. Dort ist man eher auf Übernachtungsgäste eingerichtet, auch wenn das letzte Viertel Rotwein bei spärlichem Kerzenschein gereicht wird. Von der Gschnagenhardtalm folgt man der 34 bis hinunter zum Weißbrunn, wo eine gewaltige Schuttreiße von der Mittagsscharte herabzieht. Von dort steigt der Adolf-Munkel-Weg (35) wenig steil wieder 170 Meter hinauf zur Broglesalm und zur Hütte (2 Std.). Nach 16 Uhr wird es ruhig. Die letzten Tagesausflügler brechen auf, die Kühe bimmeln irgendwie leiser mit ihren Glocken, ein paar Schweine quieken noch, vor der Hütte schlägt ein Mädchen Butter. Eine Handvoll Fremder bestaunt das Farbenspiel an den Geislerspitzen.

3 Broglesalm – Raschötz

TOUR 3 IN STICHWORTEN

Zufahrt: In Fortsetzung von Tour 2 siehe dort. Sonst im Grödnertal bis St.Ulrich.
Talort: St. Ulrich (1236 m, 4000 Einw.), Hauptort des Grödnertals mit kompletter touristischer Infrastruktur. Beherbergungsbetriebe aller Kategorien, vielfältige Einkaufsmöglichkeiten, medizinische Versorgung, Banken, Bergbahnen, Verkehrsamt.
Ausgangspunkt: Brogleshütte oder, von St. Ulrich: Talstation des Sessellifts zur Raschötz. Parkmöglichkeit bei der nahen Talstation der Seilbahn zur Seceda.
Einkehr und Unterkunft: Brogleshütte (siehe Tour 2), Saltner Schwaige, Bergstation Raschötzsessellift (2107 m), Raschötzhütte (2170 m, 30 L, 1.6.–30.10.).
Höchster Punkt: Gipfel der Außerraschötz, 2281 m.
Höhenunterschied: 300 m Anstieg.
Gehzeit: 2–2½ Std.
Karten: f&b S 5, K 59, T 05.
Tourencharakteristik: Leichter, ausgiebiger und aussichtsreicher Spaziergang ohne großen Höhenunterschied. Von St. Ulrich mit Hin- und Rückweg zur Broglesalm Tagestour.

Wer nicht immer nur Riesenfelsen anschauen will, dem sei, bevor er sich auf den Höhenweg zur Raschötz begibt, ein kleiner Abstecher empfohlen. Auf dem mit 3 markierten Weg von der Brogleshütte hinunter nach St. Ulrich kann nach etwa 20minütigem Auf- und Abstieg (das Ganze später wieder zurück) eine Laune der Natur kleinerer Art bewundert werden: eine rote Sandsteinskulptur, modelliert von Wind und Wetter über dem Tal von Cuecenes gegenüber der gebänderten Wand der Seceda. Eiligere verlassen die Broglesalm auf Weg 35 über die roten Sandauswaschungen in den Wiesen, hinauf zum wenig höher gelegenen Broglessattel. Vorbei an Kühen, Schafen und Pferden geht es danach fast eben auf breitem, aussichtsreichem Weg über die Innerraschötzer Alpe zur Flitzer Scharte (1¼ Std.). Wer gleich auf den Gipfel der Außerraschötz will, wählt von dort den Weg 31. Nummer 5 schlängelt sich romantisch über Steinplatten etwas empor und wieder hinab zur Saltner Schwaige mit herrlichem Blick auf Seceda, Sella, Marmolada und Langkofel und auf die Seiser Alm mit dem Schlern. Vorbei an der Bergstation des Sessellifts von St. Ulrich herauf geht man den Wegweisern und der Markierung 35 nach leicht ansteigend zur Raschötzhütte und von dort, etwas mehr ansteigend, zum Gipfel der Außerraschötz (1 Std.). Von den zerborstenen Porphyr-

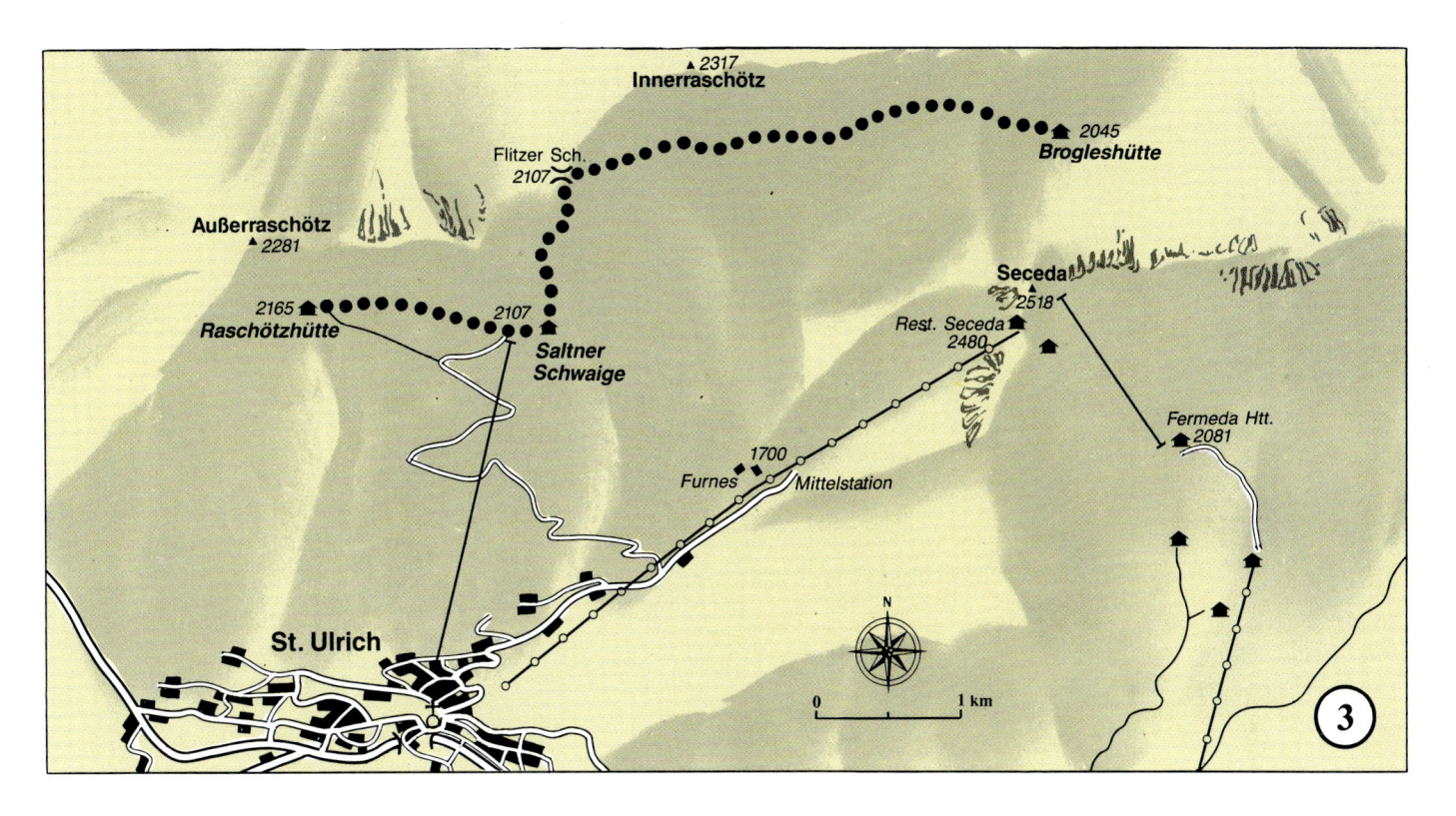

Links: Grödner Sandstein am Wandfuß der Seceda.

Die Broglesalm, gemütliche Einkehr.

blöcken auf dem Gipfel bietet sich eine herrliche Rundsicht. Vom Ortler über die Zentralalpen, zurück über die Aferer Geiseln zu den Geislerspitzen. Hinunter ins Vilnöß- und ins Grödnertal, über dem immer noch Sella, Marmolada und der Langkofel thronen. Meistens wird die Tour zur Raschötz und zur Broglesalm von St. Ulrich aus per Sessellift unternommen. Wer von dort kommt, nimmt in der Regel zurück wieder den Lift, denn der Abstieg ist lang und mühsam. Wer von Ranui kommend die Wanderung als Zwei-Tages-Tour angelegt hat, kann sich des selben Hilfsmittels bedienen. Linienbusse bringen ihn zurück nach Villnöß. Wer das Raschötzpanorama im Abendlicht genießen will, kann in der Raschötzhütte übernachten. Die Ruhe und die Aussicht entschädigen für den leicht abenteuerlichen Zustand der Unterkunft.

4 Bad Ratzes – Schlern

TOUR 4 IN STICHWORTEN:

Zufahrt: Von Waidbruck über eine schmale Straße zur Verbindung zwischen Kastelruth und Seis. Von Seis am Schlern nach Bad Ratzes.
Talort: Seis am Schlern (1002 m, 1300 Einw.). Touristisch bestens erschlossen. Unterkünfte aller Kategorien, diverse Einkaufsmöglichkeiten, Bank, Verkehrsamt. Gleiches gilt für das nahe Kastelruth.
Ausgangspunkt: Parkplatz beim Hotel Bad Ratzes (1212 m).
Einkehr und Unterkunft: Schlernbodenhütte (2 B, 18 L, Sommer), Schlernhaus (2457 m, 30 B, 55 L, 10.6.–5.10.).
Höchster Punkt: Schlerngipfel (Petz), 2564 m.
Höhenunterschied: 1350 m Anstieg.
Gehzeit: 4½ Std.
Karten: f&b S 1, K 54, T 05.
Tourencharakteristik: Anstrengende, etwas Ausdauer erfordernde, aber unschwierige Tagestour mit beträchtlichem Höhenunterschied. Prächtiger Rundblick vom Schlern.

Weg Nr. 1, „Touristensteig". Hört sich irgendwie abwertend und harmlos an. Abwarten, denn es sind anstrengende 1.350 Höhenmeter zu bewältigen. Vom Parkplatz hinter dem Hotel der Markierung 1 folgend rechts über den Frötschbach und mäßig steil im Wald hinauf bis zur Abzweigung des Proßliner Steigs (1a). Jetzt ziemlich steil auf sandigem Waldboden in Kehren hinauf zur wiedererrichteten Schlernbodenhütte. An einem heißen Sommertag, wie ich ihn erlebte, mit schwerem Rucksack, wo nicht mal der Wald ausreichend Kühlung schenkt, ist sie eine Oase zum Kraft-Nachtanken (1½ Std.). Wer meint, es mit der Gewandtheit der gehörnten Paarhufer aufnehmen zu können, wählt von der Hütte aus den Gamssteig. Sicherer ist es, sich als Tourist weiterhin dem Touristensteig anzuvertrauen, der ab der Hütte ein gutes

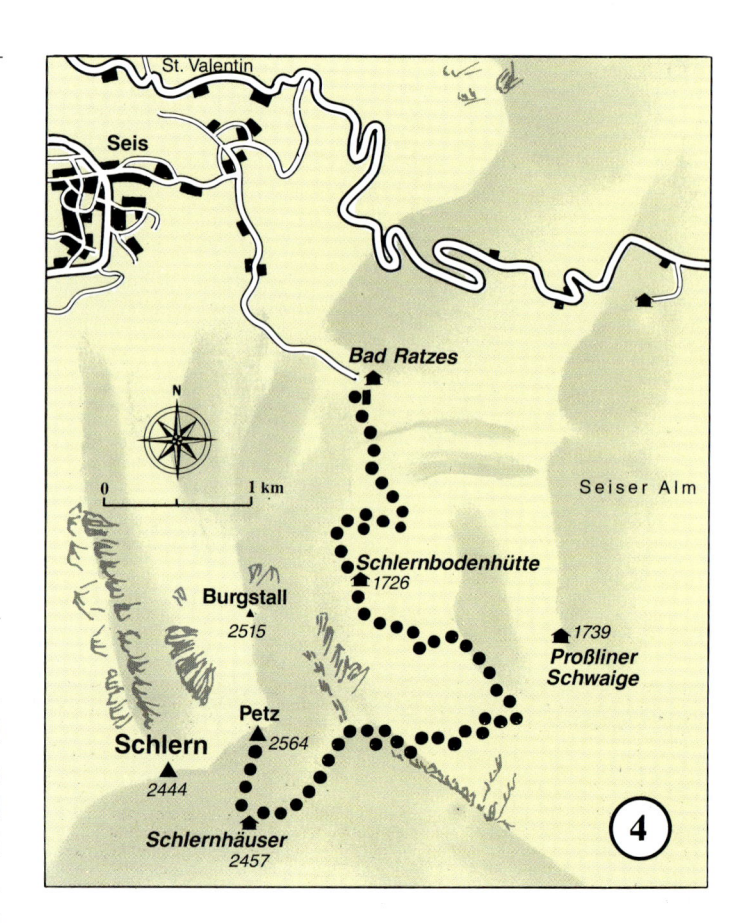

Das vielbesuchte Schlernhaus vor der Kulisse des Rosengartens mit Kesselkogel und Vajolettürmen. So einsam kann es auch hier sein.

Stück fast eben durch schütteren Baumbestand an der Westflanke des Schlern entlangführt, bis er sich mit dem Proßliner Steig wiedervereinigt und über Matten stärker ansteigend das Schlernplateau erklimmt (2 Std.). Wie das bei Wiedervereinigungen so ist, wird die Anzahl der Menschen, die den gleichen Weg gehen, größer, denn die meisten kommen über die Seiser Alm auf den Schlern. Das macht den Weg von Bad Ratzes aus wenn auch beschwerlicher so doch angenehmer. Nach einer guten halben Stunde fällt man dann im Schlernhaus ein. Die „Stube", groß wie eine Bahnhofshalle, kann es vertragen. Platz für Übernachtungsgäste gibt es – zumindest außerhalb der Hauptsaison – auch genug. Man sollte in jedem Fall oben übernachten und sehen, daß man ein Zimmer nach Süden bekommt. So kann man auch noch die letzten Lichtspiele am Rosengarten verfolgen. Zunächst „besteigt" man jedoch in 20 Minuten den höchsten Punkt des Schlern, die zersplitterten weißen Trümmer des Petz, und wundert sich, daß das Gelände ringsum wirklich fast so topfeben ist, wie es aus dem Tal aussieht. Grüne Wiesen mit schlammigen Erdlöchern und überall Kühe. Weglos kann man weiterwandern über die Hochebene zum Burgstall und sich die Santnerspitze von oben anschauen. Atemberaubend tief unten liegt Seis. Über der Seiser Alm färbt sich der Langkofel rot. Der Rosengarten taucht in ein unwirkliches Blau. Längst ist Stille eingekehrt.

5 Seiser Alm

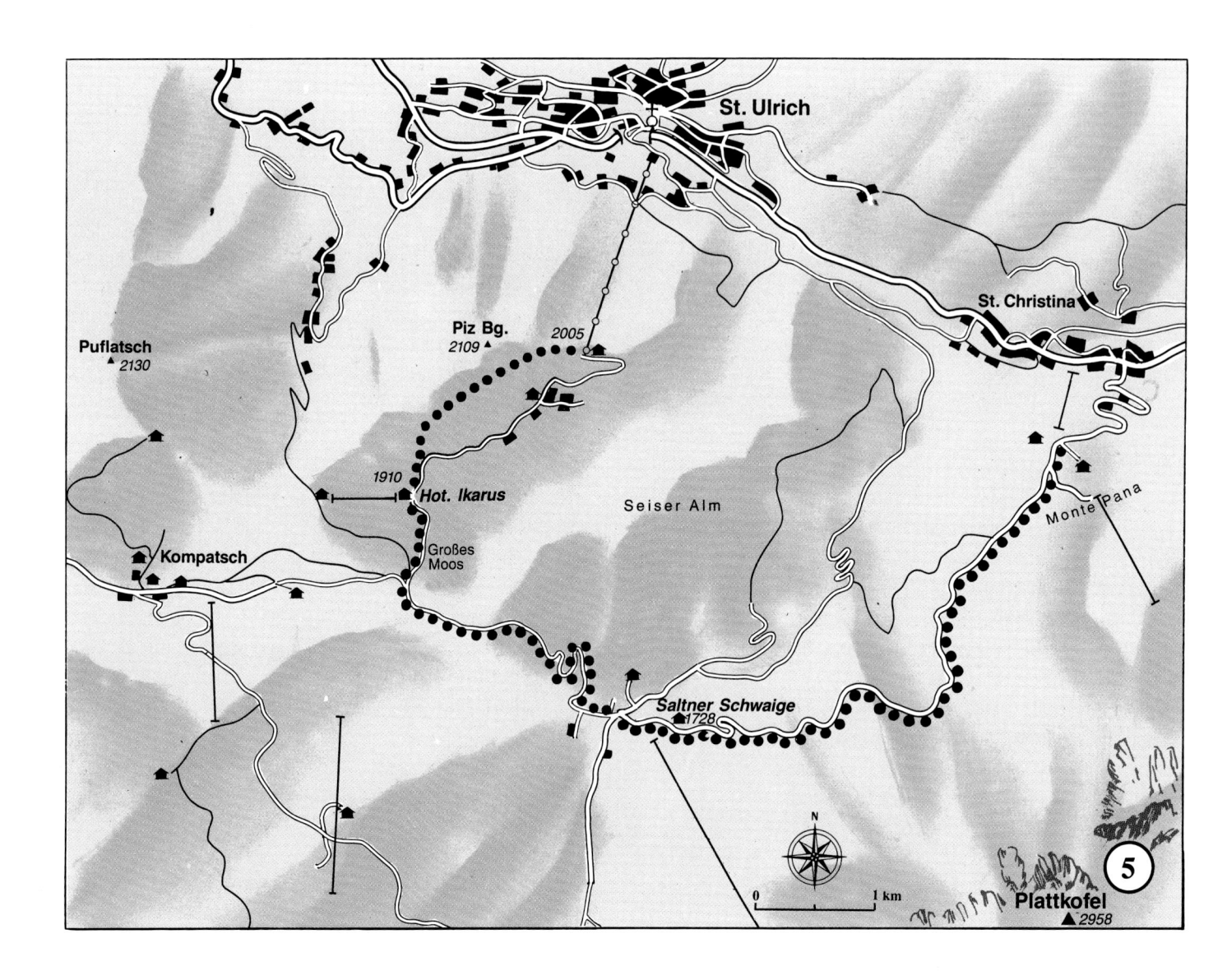

TOUR 5 IN STICHWORTEN

Zufahrt: Im Grödner Tal bis St. Ulrich. Nach St. Christina über St. Ulrich.
Talort: St. Ulrich, siehe Tour 3. St. Christina (1428 m, 1600 Einw.), wie St. Ulrich touristisch bestens erschlossen mit allen Arten von Unterkünften und zahlreichen Einkaufsmöglichkeiten, Banken, Bergbahnen, Verkehrsamt.
Ausgangspunkt: Talstation der Bergbahn von St. Ulrich zum Pitzberg.
Einkehr und Unterkunft: Allein sieben Möglichkeiten, sich zu verpflegen und bei schlechtem Wetter Unterkunft zu finden, bietet fast das ganze Jahr über die erste Hälfte des Weges. Sie sind nicht zu verfehlen, da sie direkt am Weg liegen. Darüber hinaus sind mindestens noch mal so viele in unmittelbarer Umgebung zu finden. Die zweite Hälfte des Weges, von der Saltner Schwaige bis zum Monte Pana, ist frei von Gaststätten.
Höchster Punkt: Bergstation Gondelbahn, 2005 m.
Höhenunterschied: 130 m Aufstieg, 500 m Abstieg.
Gehzeit: 3 Std.
Karten: f&b S 5, K 59, T 05.
Tourencharakteristik: Längerer Spaziergang über die östliche Seiser Alm mit dem Langkofel als ständigem Wegweiser. Fast immer im Abstieg.

Die Seiser Alm, größte Almfläche Europas, sanft gewellte Matten, Landschaftsschutzgebiet, Blumenparadies, der Langkofel, der Schlern.
Die Seiser Alm, Horden von Menschen, Hotelklötze, Parkplätze, Lifte, Kräne, Um- und Ausbau überall. Beides ist die Seiser Alm. Und groß ist sie. So groß, daß sich erstaunlicherweise wirklich noch Ruhe finden läßt. Wo? Wer suchet, der findet!
Entlang des folgenden Routenvorschlages gibt es noch Rückzugsgebiete für die Seele. Zunächst pfercht man sich in St. Ulrich in die Gondel und läßt sich hochliften. Bequemer geht's nicht. Viel Volk bleibt schon auf der Sonnenterrasse der Bergstation hängen. Wer sich nach rechts wendet (Weg 6) beginnt seinen Abstieg in ruhigere Gefilde. Über Wiesen geht es abwärts zum Hotel Ikarus, neu aufgemotzt und des Charmes seiner alten Holzterrasse beraubt. Trotzdem immer noch ein guter Platz, um vis-à-vis dem Langkofel eine Erfrischung zu sich zu nehmen (½ Std.). Große Wiesen mit kleinen Lärchenbeständen und noch kleineren Holzhütten in der Umgebung laden ein, dasselbe ganz privat zu tun, stundenlang. Weg Nr. 3 führt hinunter vorbei am großen Moos zur Straße. Auf ihr, die im Sommer für den allgemeinen Verkehr gesperrt ist (Ausnahme Hotelzubringer), zum Hotel Saltria und weiter, jetzt auf Schotterstraße, zur Saltner Schwaige (1 Std.). Immer der 3 folgend erreicht man die „Große Priese", eine große Wiese, eingerahmt von Zirbenwäldern und überragt von den gewaltigen Zacken des Langkofels, der Fünffingerspitze und Grohmannspitze, von Innerkoflerturm, Zahnkofel und Plattkofel. Riesig! Ein toller Platz zum Verweilen. Mitgebrachtes sollte allerdings schnell verzehrt werden, Kühe und Pferde werden aufdringlich. Schließlich sind sie hier zu Hause. Zunächst leicht ansteigend führt die unbefahrene Schotterstraße, vorbei am Abzweiger zum Confinboden und ins Langkofelkar, schließlich immer sanft absteigend weiter zur Hotelsiedlung Monte Pana (1½ Std.). Dort schenkt man sich den 250 Meter Teerstraßenabstieg und nimmt den gelenkschonenden Sessellift hinunter nach St. Christina, wenn er noch fährt.

6 Wolkenstein – Pic

TOUR 6 IN STICHWORTEN

Zufahrt: Im Grödnertal über St. Ulrich und St. Christina nach Wolkenstein.
Talort: Wolkenstein (1563 m, 2200 Einw.), wie St. Ulrich und St. Christina mit allen erdenklichen touristischen Einrichtungen „gesegnet". Unterkünfte jeder Kategorie, Läden, Banken etc.
Ausgangspunkt: Parkplatz der Gondelbahn zum Col Raiser auf Wolkensteiner Gemeindegebiet (1525 m). Beschilderte Zufahrt von St. Christina.
Einkehr und Unterkunft: Sangonhütte (1830 m), Gamsbluthütte (1950 m), Fermedahütte (2081 m, 24 B, Anfang Juni bis Ende September).
Höchster Punkt: Pic, 2363 m.
Höhenunterschied: 850 m Auf- und Abstieg.
Gehzeit: 3 Std. Aufstieg.
Karten: f&b S 5, K 59, T 05.
Tourencharakteristik: Unschwierige, mäßig anstrengende Tageswanderung auf meist guten Wegen über weites Wiesen- und Almgelände. Schöner Überblick über das Grödnertal und seine nähere und weitere Bergumrahmung.

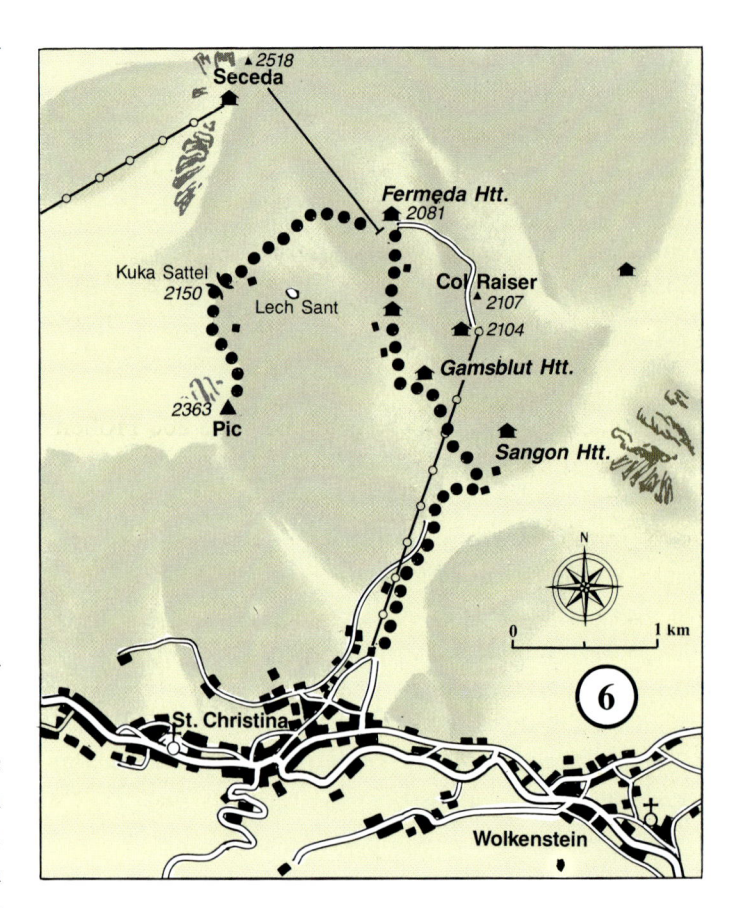

Wie bequem man es sich machen möchte, ist eine reine Gewissensfrage. Ausgangspunkt der Tour ist in jedem Fall der Parkplatz der Gondelbahn zum Col Raiser. Leider haben die alten offenen Stehgondeln, in denen man so schön ruhig, frei und luftig über den Wiesen hinaufschweben konnte, den immer moderner werdenden Zeiten weichen müssen, in denen die Skifahrer immer mehr werden, der Schnee dafür um so weniger wird. Vielleicht sollte man also den zwar relativ langen, aber wenig anstrengenden Weg zu Fuß wählen. Man folgt zunächst dem Fahrweg unter der Seilbahntrasse, markiert mit einer 1, bis man oberhalb einer Schleppliftstation eine Hütte erreicht, die sich dem winterlichen Skifahrer vor der nächtlichen Abfahrt ins Tal als letzte (Williams-)Tankstelle anpreist. Man läßt sie rechts liegen, oder auch nicht, wendet sich nach links (markiert F) und über Wiesen der nächsten Durstlöschstation mit dem martialischen Namen Gamsbluthütte zu. Man trinkt ein Weißbier oder – schlechter – geht gleich weiter. Links unterhalb der Hütte überquert man den Mastlebach und geht nach rechts (F) über einen Fahrweg, durch Wiesen mäßig ansteigend weiter zur Fermedahütte (2 Std.). Man sieht, Brotzeitstationen und Tankstellen gibt es mehr als genug (weiter oben noch ein halbes Dutzend) auf dem weiten, sonnigen Südrücken der Seceda. Die Fermedahütte bietet zudem noch Unterkunft für die Nacht. Von der Hütte führt ein Steig (2) nach links zum Kukasattel. Über Wiesen, an kleinen Seen vorbei, zwischen Heustadeln und durch Zirbenwald windet sich der Weg ohne größere Steigung hinüber zur Senke zwischen dem Secedagipfel und dem Pic (½ Std.). Wer noch mehr Aussicht haben will, als hier ohnehin schon geboten ist, der schafft auch noch – selten in großer Gesellschaft – die 200 Höhenmeter hinauf zum Pic. Der graswachsene breite Grat zieht nach Süden hinauf zum höchsten Punkt. Nach etwa einer halben Stunde etwas steileren Aufstiegs liegt einem dann das gar nicht mehr laute Grödnertal 1000 Meter weiter unten zu Füßen. Geschrumpft auf Spielzeuggröße sind die ausufernden Ortschaften. Das Panorama reicht von den Geislerspitzen über die Stevia, Sella, den Langkofel und Schlern und allem, was dazwischen noch rausspitzt, bis zum Ortler. Wer unbedingt wieder hinunter will nach Wolkenstein, wählt den-

Vom Kukasattel geht der Blick hinüber zur Ortlergruppe.

selben Weg wie im Aufstieg oder nimmt, wenn er es schafft, die gnadenlos pünktlich schließende Gondelbahn als Abkürzung und Gelenkschonung. Oder er sucht sich einen der zahllosen verschwiegenen Pfade, die jeder, wenn er will, leicht selbst findet. Da stehen kleine Hütten mit Tischen und Bänken davor über schilfgesäumten, blitzenden Seen, an denen man schon beim Aufstieg hängenbleiben und den ganzen Tag verträumen kann, ohne einen Gedanken oder einen Blick an die Geschäftigkeit weiter unter zu verschwenden.

7 Steinerne Stadt – Ciavazes

Der Piz Ciavazes, eine Ruine aus Hauptdolomit auf Raibler Schichten und dem Sockel aus Schlerndolomit.

TOUR 7 IN STICHWORTEN

Zufahrt: Von Wolkenstein in Gröden auf der Sellajochstraße bis zum Sellajochhaus kurz vor dem Paß.
Talort: Wolkenstein (siehe Tour 6).
Ausgangspunkt: Parkplatz am Sellajochhaus, 2180 m.
Einkehr und Unterkunft: Sellajochhaus (2180 m, 90 B u. L, 1.6.–30.10.).
Höchster Punkt: Sellajochhaus, 2180 m.
Höhenunterschied: ca. 100 m Ab- und Wiederaufstieg.
Gehzeit: 1 Std.
Karten: f&b S 5, K 59, T 05.
Tourencharakteristik: Völlig problemloser Halbtagesspaziergang in grandioser Umgebung.

Immer wieder erstaunlich. Man läßt sein Auto am lärmumtosten Sellajoch stehen, ein Strom der ebenfalls Aussteigenden wendet sich dem Friedrich-August-Weg zu, ein anderer wartet, mehr oder weniger geduldig, bis ihn tropfenweise die knallgelben Gondeln zur Langkofelscharte verschlucken. Ein kleines Rinnsal Leute nur wendet sich der Steinernen Stadt zu, einem Gewirr abgestürzter, zirbenbewachsener, bis zu hausgroßen Felsbrocken eines prähistorischen Bergsturzes. Sie nimmt es auf, absorbiert es fast und entläßt dann die meisten doch in Richtung Comicihütte. Wer hinunter will zu den Hütten auf Ciavazes, bleibt allein zurück. Die Sellajochstraße verschwindet hinter einer Wand aus Zirben, winzig klein, weiß und rot und blau turnen, unendlich langsam, Farbflecken die Sellatürme hoch, im Rücken steht düster die gewaltige Mauer des Langkofel. Fast hätte ich vergessen zu erwähnen, wie man dort hinkommt. Ganz einfach: vom Sellajoch leicht ansteigend Richtung Langkofel auf Weg 526/528 in das Blockgewirr der Steinernen Stadt. Bei der Querung eines Schlepplifts weglos über Schrofen (Achtung! Edelweiß) und Wiesen hinab zu den Heustadeln von Ciavazes. Von dort über Wegspuren südwärts auf Weg 657 und wieder leicht ansteigend zurück zum Sellajoch.

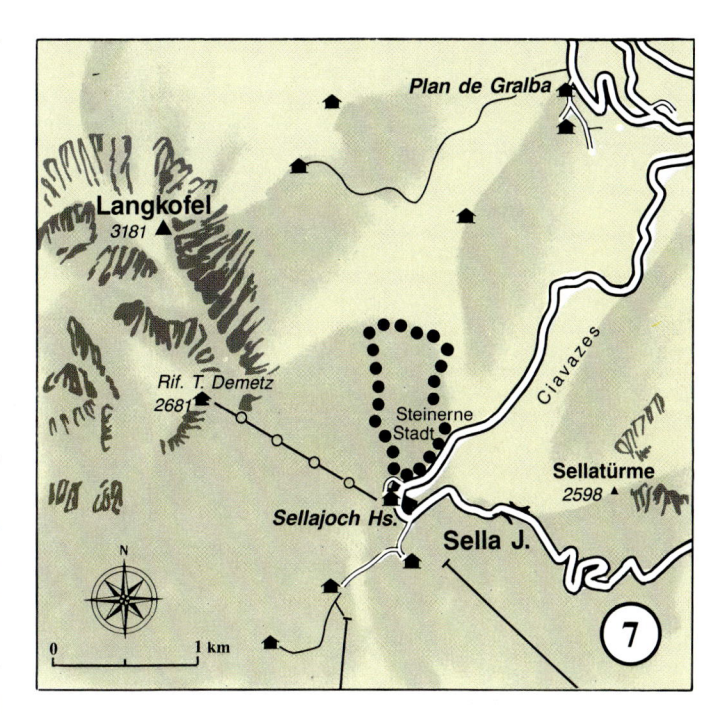

8 Val Salei

TOUR 8 IN STICHWORTEN

Zufahrt: Von Wolkenstein bis zum Sellajochhaus wie Tour 7.
Talort: Wolkenstein (siehe Tour 6).
Ausgangspunkt: Sellajochhaus, 2180 m.
Einkehr und Unterkunft: Sellajochhaus, Rifugio Valentini (2213 m, 45 B, 1.6.–15.10.) am geographischen Sellajoch.
Höchster Punkt: Sellajoch, 2213 m.
Höhenunterschied: 300 m Ab- und Wiederaufstieg.
Gehzeit: 2 Std.
Karten: f&b S 5, K 59, T 05.
Tourencharakteristik: Etwas länger als Tour 7, wie diese aber ein absolut problemloser Spaziergang durch blühende Wiesen, mit weiten Ausblicken.

Keine große Wanderung, nur ein Spaziergang wie Vorschlag 7 und mit diesem kombinierbar, wenn man sich nicht mehr Zeit lassen will. Auf sandigem Weg durch Blumenwiesen in die Stille. Schauen und warten, ob der Felsklotz auf dem Schuttband am Sass Pordoi in die Tiefe stürzt. Irgendwann wird er wohl, hoffentlich nicht zur Hauptverkehrszeit auf der Sellajochstraße.

Vom Sellajoch aus, vorbei an der Valentinihütte auf Weg Nr. 655, 100 Höhenmeter in den ausgewaschenen Graben des Saleibaches absteigen. Weiter leicht abwärts, an Heustadeln vorbei, auf schmalem Fahrweg bis zur Abzweigung links über den Bach auf Weg 635. Von dort links aufwärts, kurz unter der Sesselliftrasse, auf ausgewaschenem sandigen Karrenweg zu einem Wegkreuz. In der Umgebung wunderschöne Rastplätze mit Blick auf den klotzigen Sass Pardoi, auf blausamtene Schmetterlinge und ein vielfarbiges Meer zarter Blüten. Der Aufstieg zurück zum Sellajoch muß leider irgendwann sein.

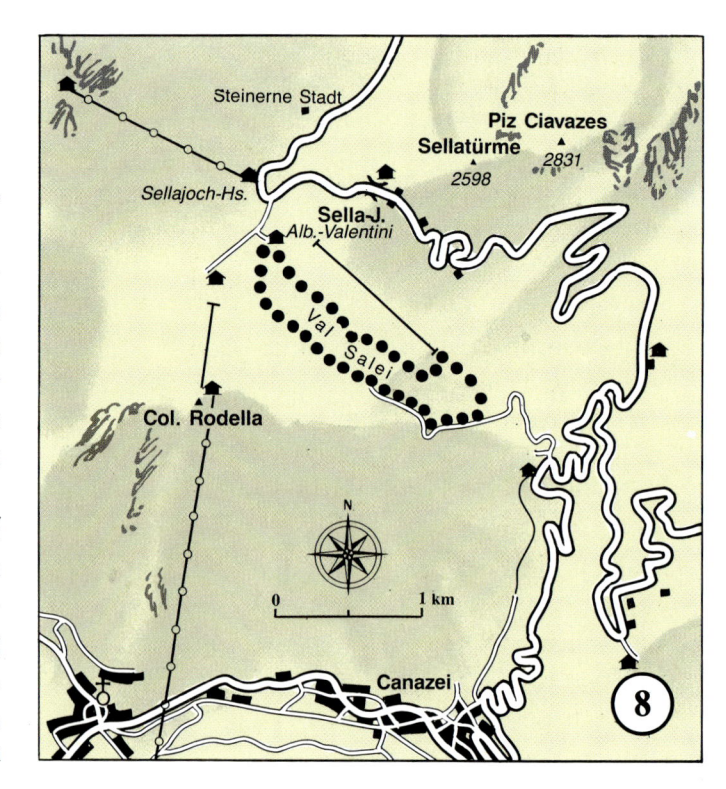

9 Karersee – Latemar

TOUR 9 IN STICHWORTEN

Zufahrt: Im Eggental nach Welschnofen und weiter zum Karersee.
Talort: Welschnofen (1180 m, 1500 Einw.) bietet Unterkunft jeder Kategorie, Geschäfte, Bank, Bergbahnen und Verkehrsamt. Welschnofen ist atomwaffenfreie Zone!
Ausgangspunkt: Parkplatz am Karersee, 1561 m.
Einkehr und Unterkunft: Hotel Bewallerhof (1491 m, 30 B, ganzjährig).
Höchster Punkt: 1939 m.
Höhenunterschied: 450 m Auf- und Abstieg.
Gehzeit: 3 Std.
Karten: f&b S 7, K 54.
Tourencharakteristik: Ausgedehnter Wanderspaziergang mit nur mäßigem Anstieg und gemütlichem Ausklang. Zur richtigen Zeit eine Tagestour durch ein Beeren-Schlaraffenland.

Der Karersee mit dem Latemar darüber und als Spiegelbild darin ist eines der Wahrzeichen der Dolomiten und, da direkt an der großen Dolomitenstraße gelegen, entsprechend belagert. Es heißt also erstmal einen Parkplatz finden. Dann steigt man hinunter zum See und ist ziemlich enttäuscht. Wegen des niedrigen Wasserspiegels und weil einem die eigene Kamera in den meisten Fällen einfach nicht das Bild liefern will, das man aus Büchern kennt. Da braucht's schon ein starkes Weitwinkelobjektiv.

Wenden wir uns anderen Genüssen zu und marschieren vom See auf breitem Fahrweg (11) leicht, aber stetig ansteigend durch Wald dem Mitterleger zu, einer Lichtung am Fuß eines riesigen Schuttkessels, aus dem die Latemartürme in den Himmel ragen. Eine knappe Stunde braucht man für das Unterfangen, aber nur wenn man all die Erd-, Preisel- und Himbeeren links und rechts des Weges verschmäht. Vom Mitterleger führt der Weg (jetzt 21) nun schmäler durch lichten

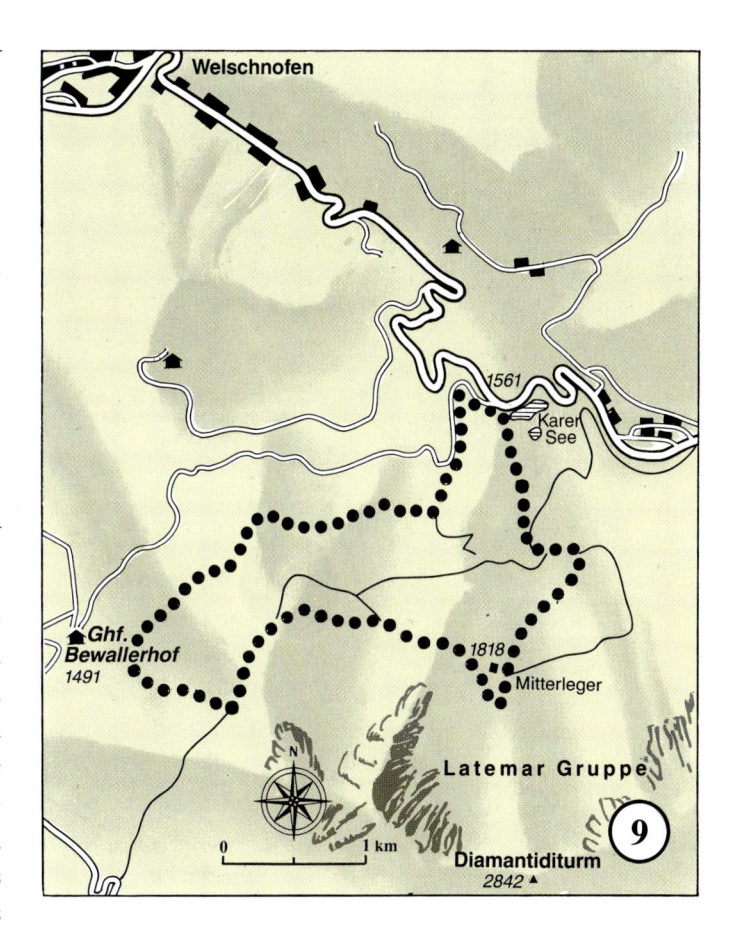

Der Latemar nach einem Regenschauer. Stück für Stück, Fels für Fels trägt auch ihn das Wasser ab, gefriert in den Spalten, sprengt Trümmer heraus, transportiert sie in Sturzbächen zu Tal.

Wald. In einer weiteren Viertelstunde erreicht man 100 Meter höher den Scheitelpunkt der Wanderung. Die Zacken des Latemar bleiben hinter uns, und durch eine Himbeerstrauchallee wandern wir hinunter zum Hotel Bewallerhof (ohne Beerenpflücken – und -essen natürlich – eine knappe Stunde). Wer sowieso schon gut gefüllt ist mit Beeren, geht gar nicht über die Wiese hinunter zum Gasthof, sondern nimmt gleich die Abzweigung bei einem Stadel am Anfang der Wiese nach rechts und spaziert auf Weg 14 eben zurück durch den Karerforst zum Karersee, wo einen die andere Wirklichkeit wieder einholt (1 Std.).

10 Val Pradidali

TOUR 10 IN STICHWORTEN

Zufahrt: Im Eggental über den Karerpaß nach Vigo di Fassa. Dann über Moena und Predazzo zum Passo Rolle und weiter nach San Martino di Castrozza. Von dort nach Fiera di Primiero. Von der Straße zum Passo Cereda zweigt hinter Tonadico eine Straße ins Val Canali ab und endet am Parkplatz beim Rifugio Cant del Gal.
Talort: San Martino di Castrozza (1467 m, 600 Einw.) mit Unterkünften jeder Kategorie und allen touristischen Einrichtungen, Geschäften, Bank, Bergbahnen, Verkehrsamt; oder Fiera di Primiero (717 m, 4600 Einw.) mit zahlreichen Beherbergungsbetrieben und Geschäften.
Ausgangspunkt: Parkplatz Cant del Gal, 1160 m.
Einkehr und Unterkunft: Albergo Cant del Gal (1160 m, 18 B, Anfang Juni – Ende Oktober).
Höchster Punkt: Malga Pradidali, 1428 m.
Höhenunterschied: 270 m Auf- und Abstieg.
Gehzeit: 1½ Std.
Karten: K 76
Tourencharakteristik: Kurze, wenig anstrengende und leichte Wanderung in die Stille. Als Halbtagestour zu schade.

Riesige Felsbrocken, kleine Kiesel und feinen Sand reißt der Pradidalibach mit seinen tosenden Wassern zu Tal. Abgestürzt aus den Höhen der Pala, landet das Geröll schließlich nach langem Weg durch den Torrente Cismon und den Fiume Brenta, immer feiner zerrieben, immer glatter poliert, in der Adria. Noch steht der Sass Maor hoch genug, um die ersten Sonnenstrahlen des Tages einzufangen.

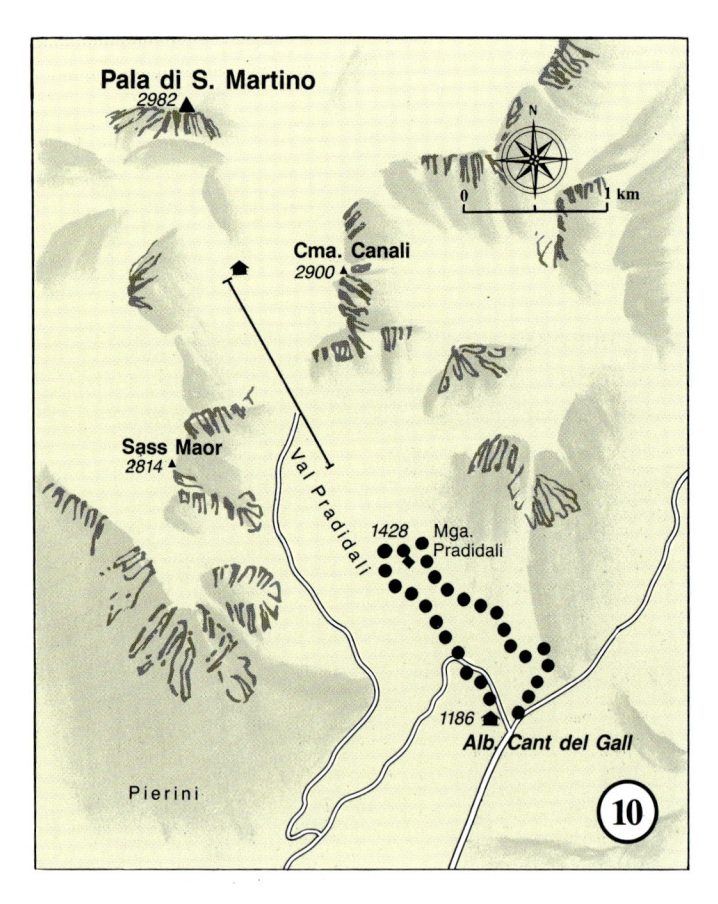

Ins Val Pradidali kommt man von Norden über den Passo Rolle, San Martino di Castrozza und Fiera di Primiero. Hinter Tonadico zweigt links, vorbei am Laghetto Welsperg, die Straße ab zum Parkplatz Cant del Gal. Wir sind im Süden der Pala – hier ist es Ende September noch hochsommerlich warm und fast menschenleer.

Ein breiter Schotterweg (711) führt gleichmäßig ansteigend von den malerischen Hütten im Talboden aus über eine Holzbrücke, die den Pradidalibach überquert. Toller Blick auf Sass Maor und Cima Canali. Links vom Bach am Waldrand aufwärts, bis der Weg wieder den Bach nach rechts überquert, und auf Waldweg hinauf zur nicht mehr bewirtschafteten, verfallenen Malga Pradidali (¾ Std.). Einen schöneren Rastplatz – für den ganzen Nachmittag – kann man sich nicht vorstellen. In vollständiger Ruhe, völlig allein auf einer waldgesäumten Wiese, das Horn des Sass Maor vor Augen. Nun ja, so ganz allein und ruhig nicht. Schmetterlinge, Fliegen, Hummeln und Käfer machen schon ein ganz schönes Spektakel. Übertönt werden sie vom kleinen Bach, der durch die Wiese schäumt und über Felsstufen tief in den Wald hinunterstürzt. Das ist ein ohrenbetäubendes Tosen und doch so natürlich still, daß man in der Sonne liegend darüber einschläft. Es fällt schwer, sich loszureißen. An den Hütten vorbei gelangt man auf schmalem Weg (709) mäßig steil absteigend durch den Wald zurück nach Cant del Gal. Ein schöner Nachklang ist, den Abend auf den Wiesen von Pierini zu verbringen mit dem Rundblick auf die weißen Zacken der Pala und fern im Süden auf die Mauer vor der Piazza del Diavolo. Ein himmlischer Tag.

11 Penia – Contrin

TOUR 11 IN STICHWORTEN

Zufahrt: Ins Grödner Tal und über Wolkenstein auf das Sellajoch. Hinunter nach Canazei und von dort in Richtung Passo Fedaia nach Penia.
Talort: Canazei (1463 m, 1500 Einw.), Hauptort des Fassatals mit Herbergen aller Klassen, Geschäften für alles mögliche, Banken, Bergbahnen, Verkehrsamt. Touristische Hochburg eben. Ein paar Hotels und Pensionen bieten auch Alba und Penia, Gemeindeteile von Canazei.
Ausgangspunkt: Parkplatz der Seilbahn in Penia, 1490 m.
Einkehr und Unterkunft: Baita Locia Contrin (1800 m), Rifugio Contrin (2016 m, 30 B, 70 L, Sommer).
Höchster Punkt: Rif. Contrin, 2016 m.
Höhenunterschied: 530 m Aufstieg (und Abstieg)
Gehzeit: 2 Std. (Aufstieg)
Karten: f&b S 5, K 59, T 06.
Tourencharakteristik: Teils anstrengende, aber unschwierige Wanderung, die – als Tagestour angelegt – genügend Zeit läßt, die großartige Szenerie des oberen Val Contrin näher zu erkunden.

Von Canazei aus oder vom Passo Fedaia nach Penia fahren und das Auto auf dem Parkplatz vor der Seilbahn zum Colac stehenlassen. Von dort auf Fahrweg (602) in ¾ Stunden recht steil hinauf zur Baita Locia Contrin: wirklich eine Loggia über dem bewaldeten Abbruch nach Penia hinunter. Danach wird's allerdings gemütlich. Auf breitem Weg, fast eben, wandert man immer am Contrinbach entlang, den Sasso Vernale im Visier, zu einer Wegteilung. Wir bleiben auf 602 und überqueren den Bach nach links zur Baita Robinson, von da leicht ansteigend zur Contrinhütte direkt unter den Cime d'Ombretta, die fast tausend Meter die Hütte überragen (1¼ Std.). Die natursteingemauerte Hütte präsentiert sich rustikal. Wachstuchdecken auf den Tischen in der Gaststube, dicke schwere Federbetten in den großen Zimmern. Wer die Marmolada-Südwestwand, den Gran Vernel und die ganze großartige Umgebung länger bewundern möchte, bleibt einfach oben. Dann sieht er auch noch – entsprechendes Wetter vorausgesetzt – die Silhouette der Langkofelgruppe über dem Contrintal im rosafarbenen Himmel schweben.

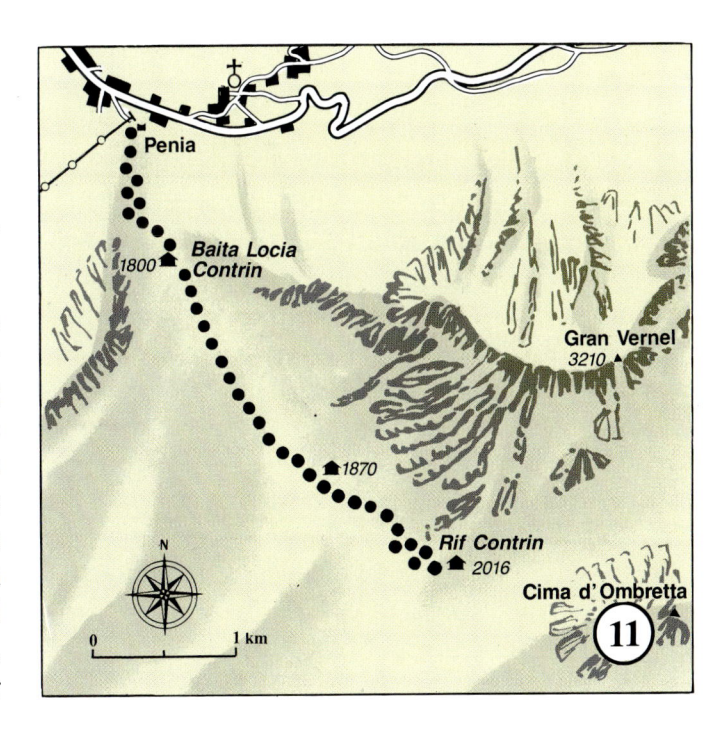

12 Rifugio Contrin – Rif. Falier (– Malga Ciapela)

TOUR 12 IN STICHWORTEN

Zufahrt, Talort und Ausgangspunkt: wie bei Tour 11.
Einkehr und Unterkunft: Rif. Contrin (siehe Tour 11), Bivacco M. del Bianco (2740 m) – Notunterkunft am Passo Ombretta –, Rifugio Falier (2080 m, 40 B u. L, Sommer)
Höchster Punkt: Passo Ombretta, 2730 m
Höhenunterschied: 720 m Aufstieg, 650 m Abstieg (Abstieg nach Malga Ciapela weitere 630 m, 2 Std.).
Gehzeit: 3¼ Std.
Karten: f&b S 5, K 59, T 06
Tourencharakteristik: Anstrengende, mit Vorsicht (besonders auf Schneeresten) zu genießende, sehr eindrucksvolle Tour. Mit dem Aufstieg von Penia (Tour 11) oder dem Abstieg bis Malga Ciapela eine Tagestour, die Ausdauer erfordert.

Wie eine riesige Schildkröte hockt ein mächtiger Felsklotz zwischen dem Vernel und der Marmolada. Dort hinauf zieht der Steig zum Passo Ombretta und zur Falierhütte. Zur Eingewöhnung führt ein breiter Weg (610) von der Hütte leicht ansteigend vorbei an den Almhütten der Malga Contrin. Bald jedoch wird der Pfad schmäler, steinig und steil. Mehrere Bachbetten querend windet er sich hinauf ins obere Val Contrin, wo noch im Sommer große Altschneereste liegen, die überschritten werden müssen. Vorsicht ist hier geboten. Unvermittelt kann man bis zum Hosenboden durchsacken, weil an den Rändern der Schnee von Schmelzwasser unterspült ist. Kurz vor der Paßhöhe wechselt der Steig auf braunes, bei Nässe glitschiges Erdreich, ehe man oben fast direkt unter der senkrechten Wand der Punta Penia, des Gipfels der Marmolada, steht (2 Std.). In einer Glasscherbenhalde, damals wenigstens. Wenige Schritte oberhalb, auf die gleichfalls imposanten Abstürze der Ombrettaspitzen zu, steht die rote Blechbiwakschachtel M. dal Bianco. Ein schöner Rastplatz. Vor sich steil aufragend und eisbedeckt die Marmolada, links geht der Blick bis zum Rosengarten und rechts, durch den Einschnitt des Ombrettatals, zur Civetta. Über einen groben Geröllhang – eine Strafe im Aufstieg – fällt die Steigspur steil zwei-, dreihundert

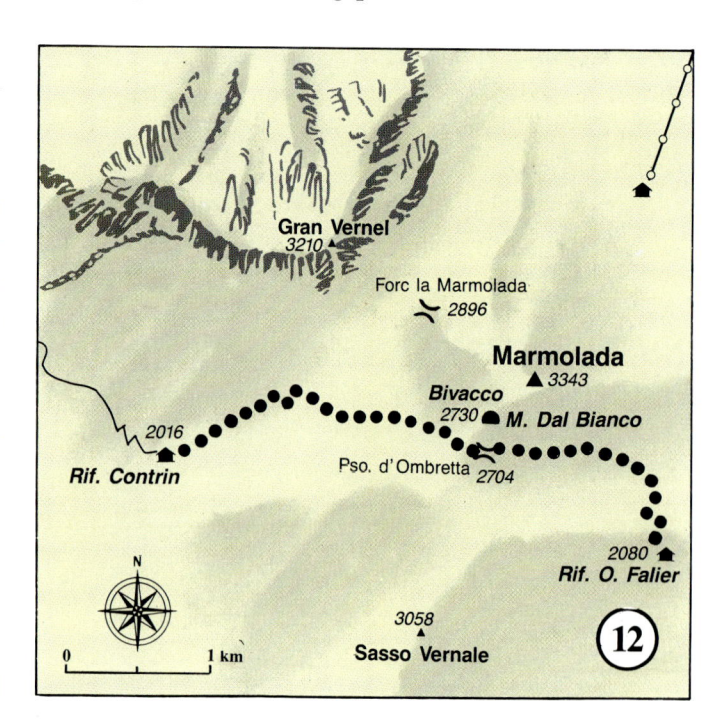

Zwischen der Mauer der Punta Penia und den Wänden der Cime d'Ombretta schiebt sich drohend eine Wolke über den Ombrettapaß.

Meter ab, bis der Weg (610), vorbei an großen Felsblöcken, wieder breiter und sanfter geneigt wird. Durch lichten Lärchenbestand führt er im Zickzack, in Sichtweite der Hütte, nochmals etwas steiler abfallend bis zum Rifugio Falier, einem Stützpunkt für Marmolada-Südwand-Extremisten (1¼ Std.). Wer sich als harmloser Wanderer traut, eine Nacht unter diesen so bunten wie wilden Gesellen zu verbringen, bleibt inmitten gewaltiger Felskulissen oben und bekommt – verbal – einen Hauch großes Abenteuer mit. Der Abstieg nach Malga Ciapela, von wo aus man über den Passo Fedaia wieder nach Penia gelangt und so eine kombinierte Wander-Auto(bus)-Runde um die Marmolada vollendet, ist, gleich anschließend, ein ziemlich langer, wenn auch landschaftlich schöner „Hatscher", der bis zum nächsten Tag noch Zeit hat.

13 Campill – Kreuzkofeljoch

TOUR 13 IN STICHWORTEN

Zufahrt: Eisacktal – Pustertal – Gadertal. In Zwischenwasser rechtshaltend und hinter Piccolein abbiegen nach St. Martin in Thurn. Von dort ins Campilltal nach Campill.
Talort: St. Martin in Thurn (1127 m, 500 Einw.) mit Hotels, Gasthöfen, Geschäften, Bank und Verkehrsamt. Gemeindeteil, wie Piccolein und Untermoi, ist Campill (1398 m, 500 Einw.) mit bescheidener touristischer Infrastruktur.
Ausgangspunkt: Hauptplatz mit Kirche in Campill, 1398 m.
Einkehr und Unterkunft: Schlüterhütte (2300 m, 50 B, 18 L, 20.6.–1.10.).
Höchster Punkt: Kreuzkofeljoch, 2340 m.
Höhenunterschied: 940 m Aufstieg.
Gehzeit: 3 Std.
Karten: f&b S 5, K 55, T 07
Tourencharakteristik: Anstrengende, an einigen Stellen Aufmerksamkeit verlangende, wenig begangene Wandertour durch abwechslungsreiche Landschaft.

Im ladinischen Longiarü, zu deutsch Campill, scheint die Welt noch einigermaßen in Ordnung. Der Haupt-Touristenstrom bleibt im Gadertal, und nur ein erträglicher Rest ruhesuchender Zeitgenossen findet den Weg in das abgelegene Seitental. Er wird belohnt mit kleinen Einblicken in bäuerliches Leben, das sich, so scheint es, seit Jahrhunderten wenig verändert hat, wären da nicht auch den ältesten Häusern die Zeichen moderner Zeit aufgepflanzt. Von der Kirche gelangt man auf der Fahrstraße (4) zum sehenswerten alten Weiler Seres und, rechtshaltend, unterhalb des Weilers Misci ins Tal der Mühlen. Die Ableitungen des Seresbaches rauschen immer noch durch die hölzernen Rinnen und gurgeln durch die Wiese. Die Mühlräder treiben sie jedoch nicht mehr an. Ein gutes Stück noch geht der breite Weg talein ziemlich sanft bergan in Richtung Peitlerkofel, dann wird er steiler und enger im Wald und in steinigen, bei Nässe glatten Hohlwegen, ehe er hinausführt auf die hügeligen weiten Weiden unterhalb des Kreuzkofeljochs und des Peitlerkofels. Rechterhand, bei zahlreichen Hütten, gehen Blaubeschurzte ihrem Tagwerk nach. Kühe grasen neben zu Tal schießenden Bächen und Rinnsalen, aus

Türdetail eines Bauernhauses im Weiler Seres.

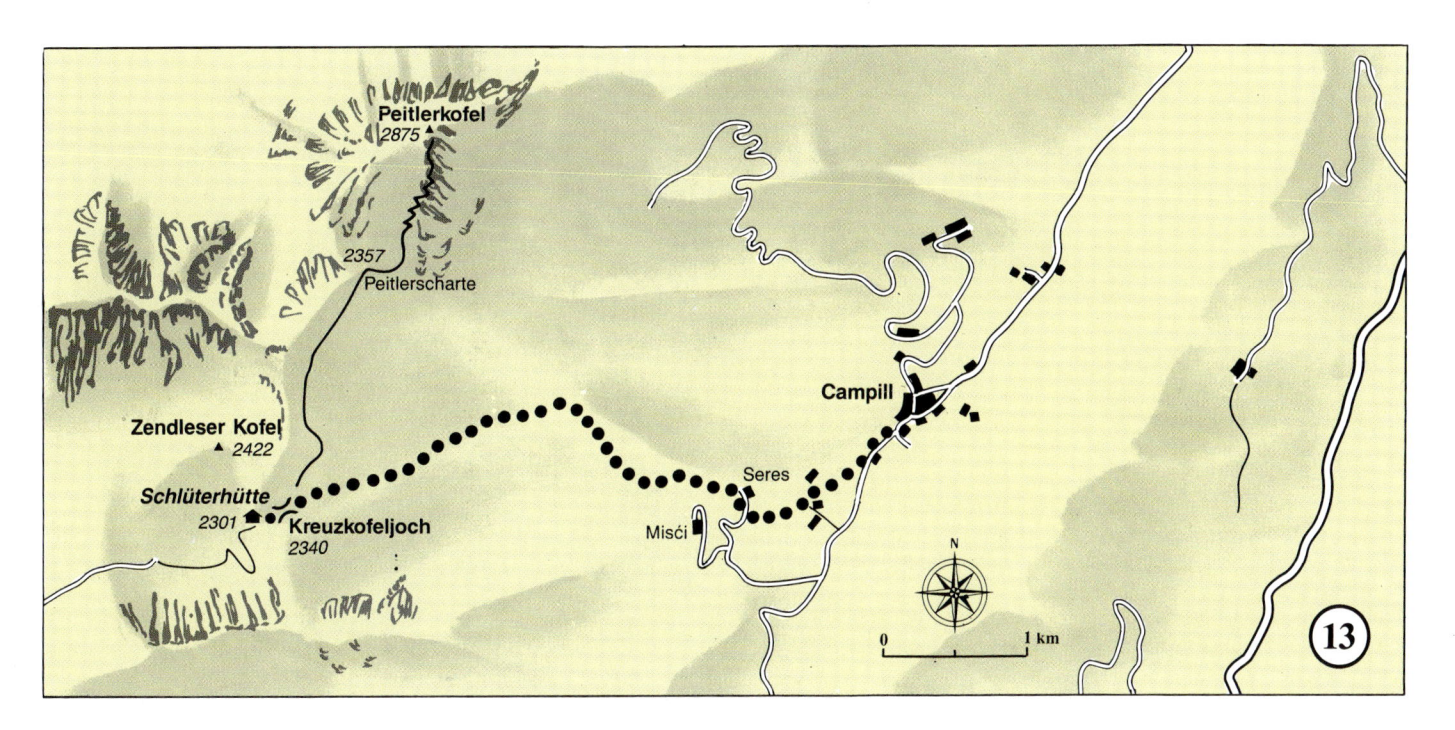

denen man tunlichst nicht trinken sollte, obwohl das Wasser so glasklar und kühl dazu verlockt. Auf bequemem Weg über grasbewachsene Hügel, vorbei an sumpfigen Wiesen, erreicht man nach knapp 3 Stunden das Kreuzkofeljoch. Rechts zweigt der fast im gesamten Verlauf sichtbare Weg zum Peitlerkofel ab. Links erheben sich die Geislerspitzen, aus dieser Sicht ein einziger Felsklotz, gipfelnd in der Furchetta. Der Blick zurück – in Freude – erfaßt über dem Dunst des Gadertals ein Stück Dolomiten vom Kronplatz über Heiligkreuzkofel und Cunturines bis zur Tofana. Mit dieser grandiosen Schau kann man den Abend ausklingen lassen und den Morgen beginnen nach einer Nacht auf der wenige Minuten unterhalb des Kreuzkofeljochs gelegenen Schlüterhütte. Zimmervorbestellung dort ist allerdings ratsam, denn die Hütte ist Station auf dem vielbegangenen Dolomitenhöhenweg 2 von Brixen nach Feltre.

14 Campill – Pedraces

TOUR 14 IN STICHWORTEN

Zufahrt: Nach Campill wie bei Tour 13. Nach Pedraces ebenfalls wie Tour 13, ab Piccolein jedoch weiter auf der Hauptstraße im Gadertal.
Talort: St. Martin in Thurn bzw. Campill (siehe Tour 13) oder Pedraces/St. Leonhard (1315 m/1370 m, 600 Einw.) mit zahlreichen Unterkunftsmöglichkeiten aller Kategorien, Geschäften, Bank, Verkehrsamt.
Ausgangspunkt: Parkplatz Ponte di Riofosco, 1480 m.
Einkehr und Unterkunft: Nur am Anfang und Ende der Tour in Campill oder Pedraces.
Höchster Punkt: Joeljoch, 1725 m.
Höhenunterschied: 250 m Aufstieg, 410 m Abstieg.
Gehzeit: 2¼ Std.
Karten: f&b S 5, K 55, T 07
Tourencharakteristik: Einfache, etwas anstrengende, relativ kurze Tageswanderung. Der Beschaffenheit des Untergrundes wegen mit leichtem Nervenkitzel. Bei Nässe ist Vorsicht geboten.

Beim Weiler Freina teilt sich die nun ungeteerte Fahrstraße. Nach links (Markierung 9) führt sie hinauf zum Joeljoch und mit Durchfahrtsperren, um die sich einige offensichtlich nicht kümmern, von dort hinunter bis nach Pedraces im Gadertal. Bei der Ponte di Riofosco kann man sein Auto aber auch stehenlassen und sich sportlich betätigen. Über die Holzbrücke quert man den Bach hinüber nach links in den Wald. Nach kurzer Zeit wird der Weg immer schmäler, steiler und bei Nässe einigermaßen morastig. Die Straße zweimal querend erreicht man nach drei Viertelstunden den Wiesensattel des Joeljochs, eine vorzügliche Aussichtswarte hinüber zur Mauer des Heiligkreuzkofels. Vom Joch leicht abwärts auf der Fahrstraße (6) bis zum schönen Weiler Pescol. Am Anfang des Abstiegs sollte man einen Abstecher die Wiese rechts hinunter wagen. Aber Vorsicht! Unvermittelt steht man an einer Abbruchkante. Weit unten breitet sich ein wildes Durcheinander von übereinander getürmten Erdmassen auf, durchzogen von Schuttströmen und

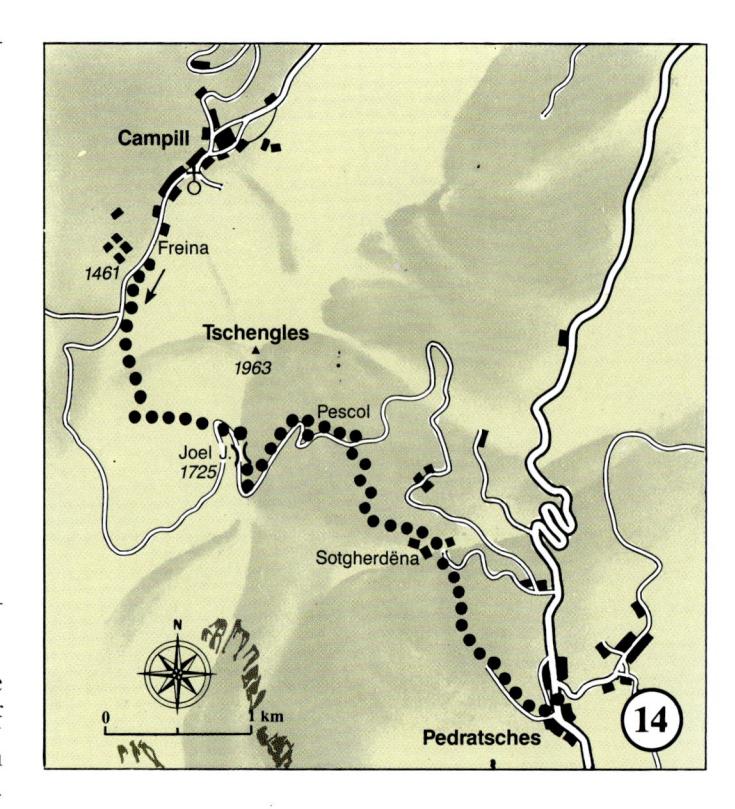

Heimat auf tückischem Untergrund – der Weiler Sotgherdena über Pedratsches im Abteital. Riesige Abbrüche im Rücken der Häuser verheißen nichts Gutes. Immer wieder wird die schmale Straße ins Tal von Muren verschüttet. In den Wiesen zeigen sich über Nacht Risse, die sich stetig zu größeren Erdspalten verbreitern.

ausgewaschen von Sturzbächen. Zwischen toten, kahlen Bäumen wächst neues Grün. An der Abbruchkante des riesigen Erdrutsches nach rechts zum Col da Oi balancieren halbentwurzelte Zirben und Lärchen. Wie lange wird der Boden unter den Füßen noch halten? Wie lange noch halten sich die Häuser von Pescol und Sotgherdena am Hang? Den Abstieg begleiten diese Fragen im Hinterkopf, zumal wenn es regnet. Von der kleinen, von alten Bauernhöfen umstandenen Kirche in Pescol führt der steinige Steig (6) durch bucklige Wiesen einigermaßen steil hinunter nach Sotgherdena und von dort weiter über eine stark von Sturzbächen angenagte Kiesstraße, vorbei an kleinen Erdrutschen, nach Puntac und schließlich, ein kurzes Stück über die Hauptstraße im Tal, eben nach Pedraces (1½ Std.). Geschafft!

15 St. Kassian – Pralongia

TOUR 15 IN STICHWORTEN

Zufahrt: Im Gadertal über Pedraces nach Stern. Im Ort links abbiegen nach St. Kassian.
Talort: St. Kassian (1535 m, 400 Einw.) bietet Unterkunft aller Kategorien und ausreichende Einkaufsmöglichkeiten. Dazu Bank und Verkehrsamt sowie einen Sessellift zum Piz Sorega.
Ausgangspunkt: Parkplatz beim Sessellift Piz Sorega, 1550 m.
Einkehr und Unterkunft: Rifugio Pralongia (2109 m, 28 B, 20.6.–30.9.).
Höchster Punkt: Pralongiagipfel, 2138 m.
Höhenunterschied: 550 m Aufstieg (und Abstieg).
Gehzeit: 2 Std.
Karten: f&b S 5, K 55, T 07.
Tourencharakteristik: Sehr schöne, leichte und wenig anstrengende Tagestour auf die aussichtsreiche „Lange Wiese". Ein wenig Aufmerksamkeit ist erforderlich, um sich keine nassen Füße zu holen.

Wieder einmal taucht die Frage auf: gehen oder fahren? Zumindest während der Saison. Wieder einmal ist Ausgangspunkt der Parkplatz einer sogenannten Aufstiegshilfe, nämlich des Vierersessellifts von St. Kassian zum Piz Sorega. Von dort könnte man ziemlich gemütlich zur Pralongia hinüberspazieren. Will man aber, was sehr empfehlenswert ist, auf der gleichnamigen Hütte übernachten, sollte man in Anbetracht der dortigen guten und reichlichen Küche etwas sportlichen Ehrgeiz zeigen. Viel Kraft verlangt der Aufstieg ohnehin nicht. Man orientiert sich nach Südosten – wer keinen Kompaß dabei hat, einfach (bergauf) nach links – und folgt dem gesperrten Fahrweg (22) nach oben, auf dem im Winter – abwärts – selbst die ausgefeilteste Rennhocke keine Geschwindigkeit aufkommen läßt. Nach etwa einer halben Stunde verliert sich der Kiesweg in sumpfigen, nassen Wiesenwegen. Man sollte also achtgeben, nicht in das nächste Wasserloch zu treten

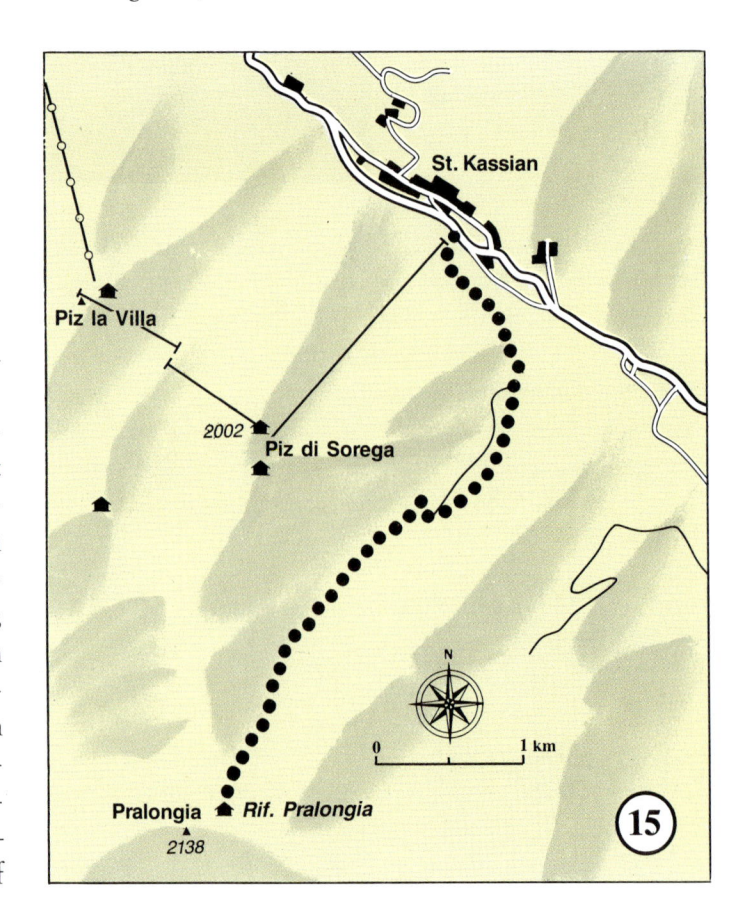

Das Teleobjektiv zieht den Heiligkreuzkofel näher an den Aufnahmestandort, die Pralongia.

oder auf glitschigen Planken über kleinen Rinnsalen auszurutschen. Etwa auf halber Strecke des noch befestigten Weges, bei den links auftauchenden Heustadeln, sollte man einen Blick zurück riskieren, bevor man sich ganz auf den Morast zu seinen Füßen konzentriert. Über einer waldgesäumten Wiesenlichtung taucht die Cunturinesgruppe auf. Ganz ohne die Hotelkästen, die den Blick von St. Kassian her verstellen. Wäre nur nicht das Autogebrause zwischen den Häusern im Tal. Dabei ist man gerade mal eine halbe Stunde und 150 Höhenmeter weit weg. – Weiter oben wird der Weg wieder trockener, führt immer noch durch Wald, in stetiger leichter Steigung, leitet dann hinaus auf die kinderleichte winterliche Abfahrtstrasse und nach gut 2 Stunden zur Pralongiahütte. Dem Trubel am Mittag und Nachmittag kann man sich leicht entziehen mit viertelstündigen Spaziergängen in jeder beliebigen Richtung. Die Aussicht ist immer grandios. Heiligkeuzkofel, La Varella und Cunturines, die Fanisgruppe, Lagazuoi und Tofana, Settsass, Marmolada und Sella, Sassongher und Puezgruppe und ganz weit draußen über dem Gadertal die Zillertaler Alpen. Man sollte oben bleiben und die rotglühende Cunturines bestaunen oder einen Regenbogen über dem Settsass und diese herrliche abendliche Stille genießen – und Ericas Küche.

16 Pralongia – Siefsattel – Passo Valparola

TOUR 16 IN STICHWORTEN

Zufahrt: Im Gadertal nach St. Kassian. Oder von St. Kassian weiter zum Rifugio Valparola an der Straße zum Falzaregopaß.
Talort: St. Kassian (siehe Tour 15).
Ausgangspunkt: Rif. Pralongia, 2109 m.
Einkehr und Unterkunft: Rif. Pralongia (siehe Tour 15). Rifugio Valparola (2168 m, ganzjährig).
Höchster Punkt: Siefsattel, 2262 m.
Höhenunterschied: 320 m Aufstieg, 260 m Abstieg.
Gehzeit: 2½ Std.
Karten: f&b S5, K 55, T 07.
Tourencharakteristik: Genußvolle, unschwierige Wanderung ohne große Höhenunterschiede in weiter Landschaft.

Die Civetta, eintausendzweihundert Meter senkrechter Fels.

Der Kleine Lagazuoi mit winzig scheinender Hütte.

Vom Rifugio Pralongia steigt der Weg (23) kurz an zum Incisajoch und führt von dort, nur unwesentlich weiter steigend, zum Siefsattel (1 Std.) zwischen dem Felssporn des Settsass und dem Gratausläufer des spärlich grasbewachsenen Monte Sief, einem Vorgipfel des Col di Lana. Einzige Schwierigkeiten unterwegs sind die Überwindung des Blockgewirrs eines Felssturzes vom Settsass hinunter und die Entscheidung, welcher der wechselnden Bildvordergründe der beste zum phantastischen Marmoladablick ist. Hat man sich endlich – für alle – entschieden, warten am und nach dem Siefsattel die nächsten landschaftlichen Glanzstücke: Der Blick über die bewaldeten Flanken des Buchensteintals hinüber zur Civetta, die vielen Gipfelzacken in der Front des „Siebensteins", die Mauer des Lagazuoi mit der winzigen Hütte darauf und die Massen von Edelweiß (wo?, wird nicht verraten). Unter dem Settsass steigt der Weg ab über Wiesen in lichten Wald. Alternativ verläuft ein schmaler Steig weiter oben parallel und fast eben. Nach ebenen Abschnitten auf dem unteren Weg geht es einem Bachlauf folgend kurz steil wieder hinauf und über Weiden, vorbei am kleinen See, zum Rifugio Valparola an der Paßstraße (1½ Std.). Der Krach hat uns wieder.

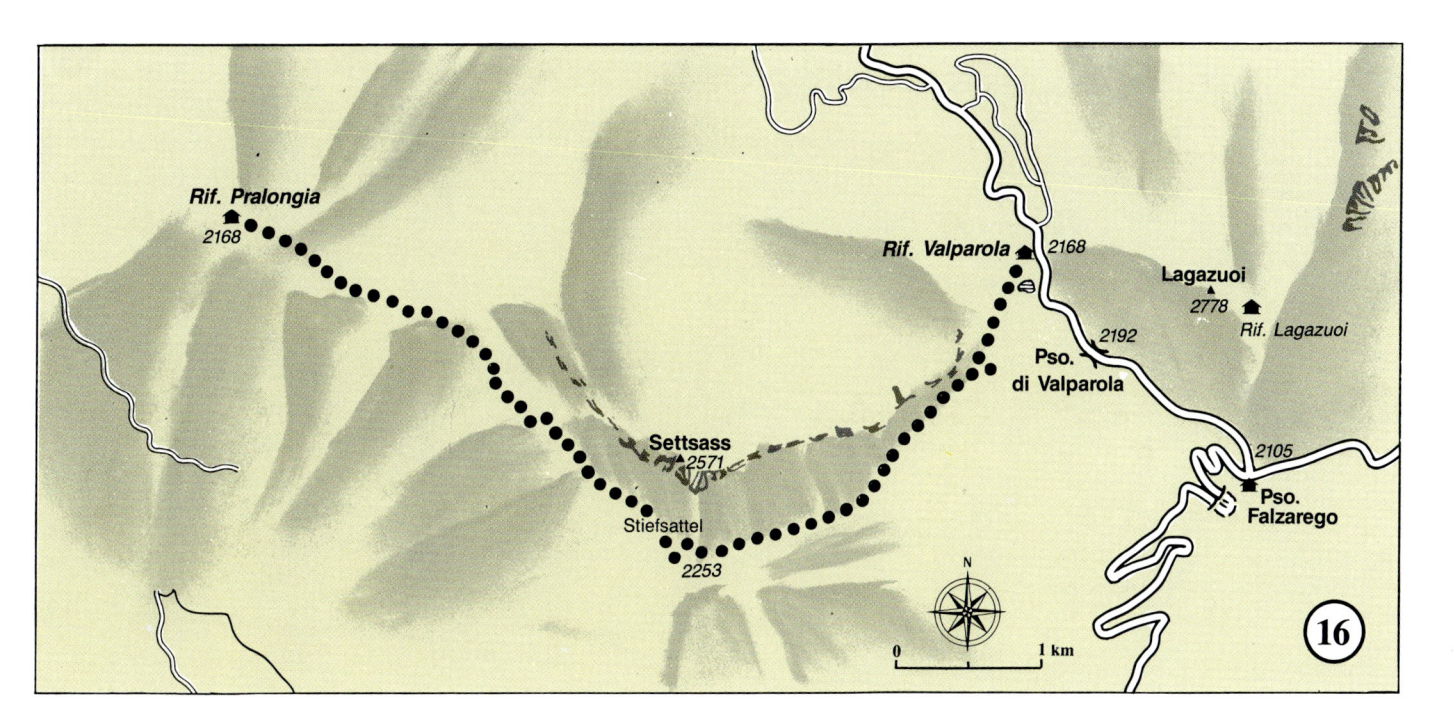

17 Capanna Alpina – Klein-Fanes-Alm

TOUR 17 IN STICHWORTEN

Zufahrt: Im Gadertal bis St. Kassian und weiter in Richtung Falzaregopaß. Hinter den Hotels in Armentarola links ab auf der Kiesstraße zur Capanna Alpina.
Talort: St. Kassian (siehe Tour 15).
Ausgangspunkt: Parkplatz bei der Capanna Alpina, 1726 m.
Einkehr und Unterkunft: Capanna Alpina – im Sommer bewirtschaftet – Faneshütte (2060 m, 44 B, 35 L, 1.6.–6.10.), Rifugio La Varella (2042 m, 25 B, 16 L, 1.6.–6.10.).
Höchster Punkt: Limojoch, 2174 m.
Höhenunterschied: 600 m Aufstieg, 170 m Abstieg.
Gehzeit: 3 Std.
Karten: f&b S 5, K 55, T 07.
Tourencharakteristik: Leichte, etwas lange, aber kaum anstrengende Wanderung in eigenartiger, faszinierender Landschaft. Im Hochsommer ist die Klein-Fanes-Alm im Umkreis der Hütten regelrecht belagert, da Geländewagentaxis von Pederü hinauffahren. Ein Großteil des Weges führt zudem über den vielbegangenen Dolomiten-Weitwanderweg 1.

Die staubige Kiesstraße, die von der Straße zum – oder vom – Valparolapaß abzweigt, bewältigt man wirklich am besten mit dem Auto. Andernfalls sind die Lungen für Sauerstoff nicht mehr aufnahmefähig, und den braucht man schon für den Drei-Stunden-Marsch zur Klein-Fanes-Alm. Über eine mit Latschen bestandene Geröllhalde führt der Weg (11) gegen eine Steilstufe, die er in Kehren fast 300 Meter hinauf zum Col Loggia überwindet. Dort oben empfängt uns ein weites Hochtal, umstanden von grauen Bergen mit schuttbedeckten Flanken. Durch die kargen Weidegründe eilen Bäche,

Im Grünsee (diesmal blau) auf der Klein-Fanes-Alm spiegelt sich zur abendlichen Stunde die Eisengabelspitze. Die Tagesausflügler sind zurück im Tal. Ruhe kehrt ein.

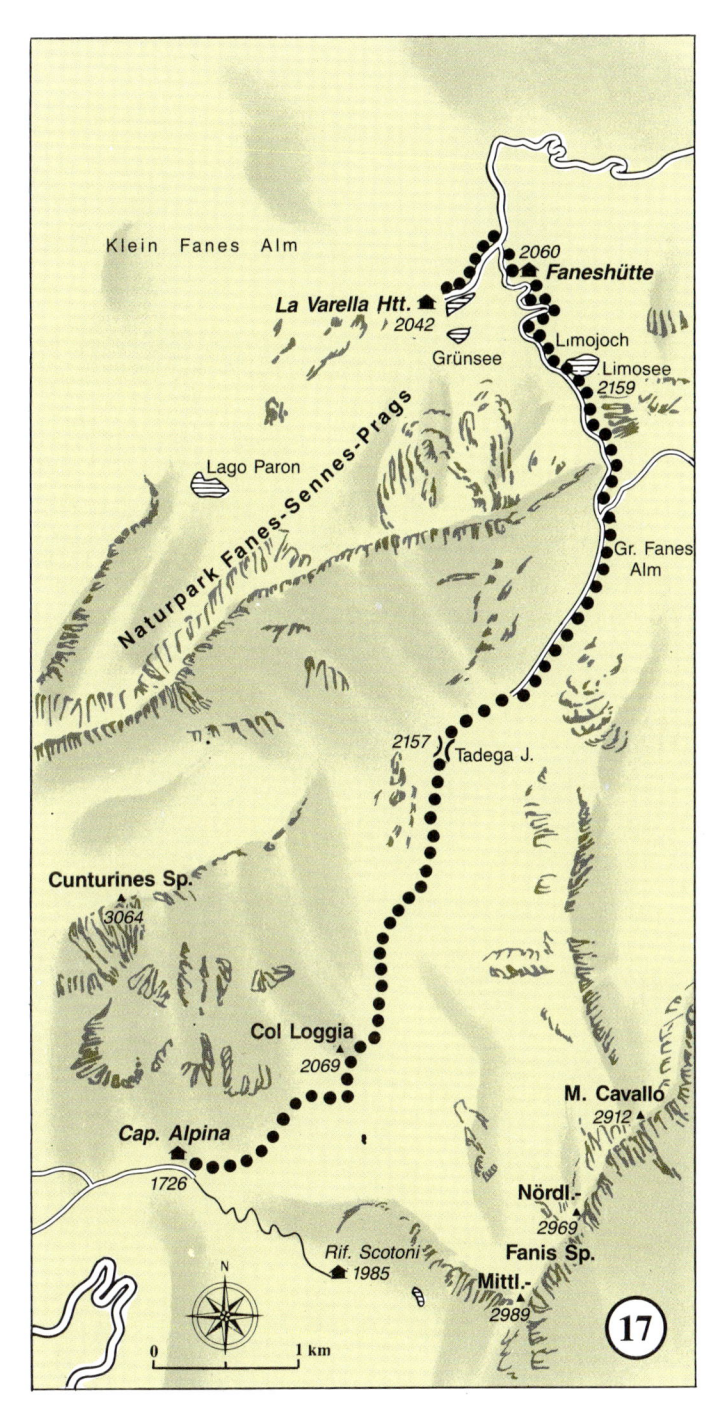

vereinigen ihre Wasser und stürzen lauthals die vom Wanderer vorher überwundene Stufe hinunter, um unten im Geröll unsichtbar unterzutauchen. Hier oben färben sie die Steine in ihrem Bett gelb und hellgrün und löschen den Durst von Kühen und Pferden auf der Groß-Fanes-Alm. Die erreicht man auf fast ebenem, breitem Weg über das Tagedajoch. Der Fanesbach formt dort einen kleinen See unter den verformten Steinschichten der Cima di Limo und fließt unter einer Holzbrücke hindurch in seinem bizarr aufgeformten steinernen Bett hinunter in den Boite und nach Cortina. Von Groß-Fanes erreicht man leicht ansteigend auf der alten Militärstraße den Limosee und das Limojoch, von wo man erstmals tief hinunterschaut in den grünen Kessel der Klein-Fanes-Alm mit ihren Hütten, dem Grünsee und dem Vigilbach. Kalksteinterrassen, bestanden mit Lärchen und Zirben, steigen gleich einem natürlichen Amphitheater im weiten Rund um den Grünsee auf, darüber glänzen strahlend weiß die glatten Wände der Zehner- und Neunerspitze, die sandige, gelbe Pyramide der Antonispitze und die zerfurchte Eisengabelspitze. Von einer Bank oberhalb des Weges kann man dieses eindrucksvolle Bild lange auf sich wirken lassen, ehe man hinuntersteigt, um Quartier zu machen in einer der beiden Hütten auf Klein-Fanes. Egal welche man wählt (sofern überhaupt Platz ist), der Tag sollte mit einem Erkundungsspaziergang über das verkarstete Plateau zwischen den Hütten ausklingen. Es gibt so viel zu sehen: den Vigilbach, der in Stufen durch sein seltsam ausgewaschenes mehrfarbiges Steinbett gurgelt, den Grünsee mit der darüber aufragenden Eisengabelspitze, das Parlament der Murmeltiere und die rotglühende Pareispitze im Abendlicht. Das alles hat natürlich seinen Preis, und der ist beim Wirt zu entrichten. Und nicht zu knapp.

18 La-Varella-Hütte – Paromsee

TOUR 18 IN STICHWORTEN

Zufahrt: In Fortsetzung von Tour 17 siehe dort. Sonst aus dem Gadertal in Zwischenwasser abbiegen nach St. Vigil in Enneberg. Von dort im Rautal weiter zum Gasthof Pederü. Von dort besteht – mitten im Naturpark – eine kostspielige Auffahrtsmöglichkeit mit Geländewagentaxi. Da der Aufstieg zu Fuß (500 Höhenmeter, 2 Std.) zu großen Teilen der „Straße" folgt, ist er eine staubige Angelegenheit.
Talort: St. Kassian (siehe Tour 15) oder St. Vigil (1201 m, 1200 Einw.) mit zahlreichen Herbergen aller Kategorien, Geschäften, Bank, Verkehrsamt, touristisch voll erschlossen.
Ausgangspunkt: Rif. La Varella (2042).
Einkehr und Unterkunft: Auf dem Rundweg keine.
Höchster Punkt: ca. 2400 m.
Höhenunterschied: ca. 400 m Auf- und Abstieg.
Gehzeit: 2 Std.
Karten: f&b S 5, K 55, T 07.
Tourencharakteristik: Wenig anstrengende, auf den Karstflächen Aufmerksamkeit erfordernde Wandertour in einiger Abgeschiedenheit. Bei Nebel wird die Orientierung äußerst schwierig.

Die riesige Plattenwand der Neunerspitze.

Wer das Glück hat, auf Klein-Fanes ein Bett für die Nacht zu ergattern – manchmal muß man mit der Terrasse vorliebnehmen –, geht ausgeruht den nächsten Tag an. Ganz Sportliche zieht es zur Neunerplatte, Gipfelsucher zum Heiligkreuzkofel, zur Antoni- oder Pareispitze. Wer es gemütlicher mag, hat zahlreiche andere Möglichkeiten. Zum Beispiel die, auf dem Weg 12 über waldbestandene Karstterrassen zur Quelle des Vigilbaches emporzusteigen. Aus dem Wald heraus führt der unschwierige Steig weiter in stetiger Steigung zum Paromsee (1 Std.). Wäre da oben nicht Wasser im Minisee und glitzernd auf den grauschwarzen Felsbändern von Cima Parom und La Varella, wäre da nicht zwergwüchsiges Grün und bei näherem Hinsehen eine Vielfalt miniaturisierter Blüten, man könnte meinen, auf dem Mond zu sein, so öde präsentiert sich von weitem die Hochfläche. Aber darüber spannt sich, wenn man

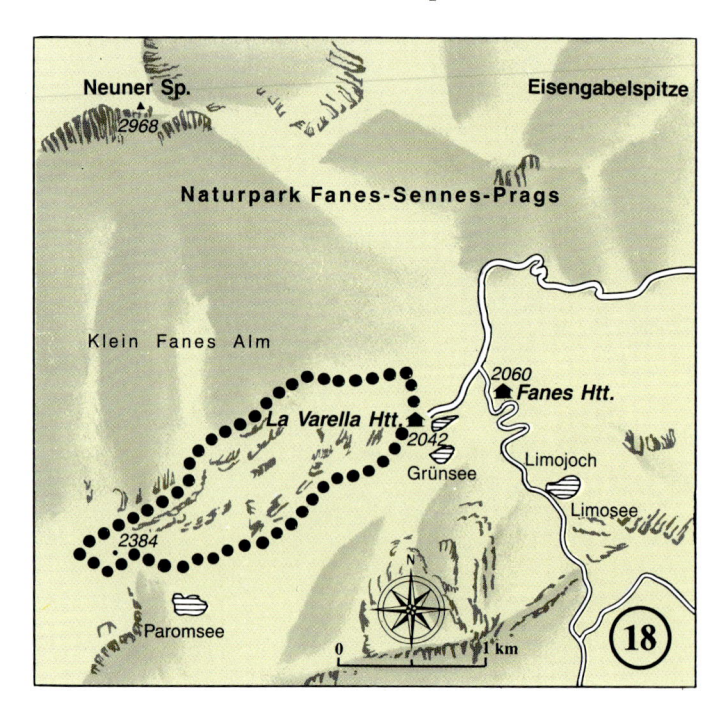

Glück hat, ein seidig blauer Himmel, und oberhalb des Sees gibt es massenweise Wieseninseln zwischen den Felsen, auf denen man allein (zu zweit) den ganzen Tag mit großen und kleinen Entdeckerfreuden verbringen kann. Winzige Blütenpracht quillt im Nahblick aus jeder Ritze zwischen den Steinen, mit dem Fernglas verfolgt man die vielfarbigen Kriechtiere in der hellgrauen Neunerplatte, der Blick geht weit hinüber über die graugrünen, orangenen, gelben Schuttberge der Lavinoresgruppe zur roten Hohen Gaisl. Der Abstieg nach Klein-Fanes erfolgt über die Karrenfelder, auf deren „Pflaster" die rote 7 gepinselt ist. Auf die angebliche Glückszahl sollte man sich – zumal bei schlechter Sicht – jedoch nicht verlassen. Zahllose Risse, Spalten und Löcher im ausgewaschenen Kalk verlangen höchste Aufmerksamkeit. Nur die Kühe schreiten geradezu majestätisch gelassen über den zerrissenen Untergrund. Leicht absteigend erreicht man eine kleine rosarote, zerfurchte Kalkstufe und steigt rechts vorbei etwas steiler ab zu den Terrassen, dem Parlament der Murmeltiere, oberhalb der La-Varella-Hütte (1 Std.). Morgens räkeln sich dort die putzigen Gesellen vor ihren Höhleneingängen in der Sonne und kümmern sich um nichts als um ihr eigenes Wohlergehen. Wie im echten Parlament?

19 Capanna Alpina – Lagazuoi

TOUR 19 IN STICHWORTEN

Zufahrt: Im Gadertal bis St. Kassian. Bei Valparola zur Capanna Alpina.
Talort: St. Kassian (siehe Tour 15).
Ausgangspunkt: Parkplatz Capanna Alpina, 1726 m.
Einkehr und Unterkunft: Rifugio Scotoni (1985 m, 16 B, Ende Juni bis Ende September), Rifugio Lagazuoi (2752 m, 15 B, 22 L, 15.6.–1. Sonntag im Oktober).
Höchster Punkt: Gipfel des kleinen Lagazuoi, 2778 m.
Höhenunterschied: 1050 m Aufstieg.
Gehzeit: gut 3 Std.
Karten: f&b S 5, K 55, T 07.
Tourencharakteristik: Unschwieriger, aber anstrengender Aufstieg zu einem der schönsten Aussichtspunkte der Dolomiten.

Natürlich ist es einfacher, den Kleinen Lagazuoi vom Falzaregopaß aus zu besteigen. Per Seilbahn. Die Wahnsinnsaussicht bleibt auch die gleiche. Nur drei Unterschiede gibt es, unternimmt man die Besteigung zu Fuß. Man verliert die eine oder andere Kalorie, angeeignet bei südtirolnorditalienischer Kost. Man hat ausreichend Zeit – anhaltend sommerliches Wetter vorausgesetzt –, ein Bad im Lagazuoisee zu nehmen (Vorsicht, der Einstieg ist etwas problematisch). Und man spart enormes Geld.

Vom Parkplatz einen elenden Schotterweg (Markierung 20), im zweiten Abschnitt steiler, hoch zum Rifugio Scotoni (1 Std.). Von der ebenen Stufe, auf der die Hütte steht, nochmals ziemlich steil einem ausgewaschenen Bachbett folgend hinauf zur nächsten

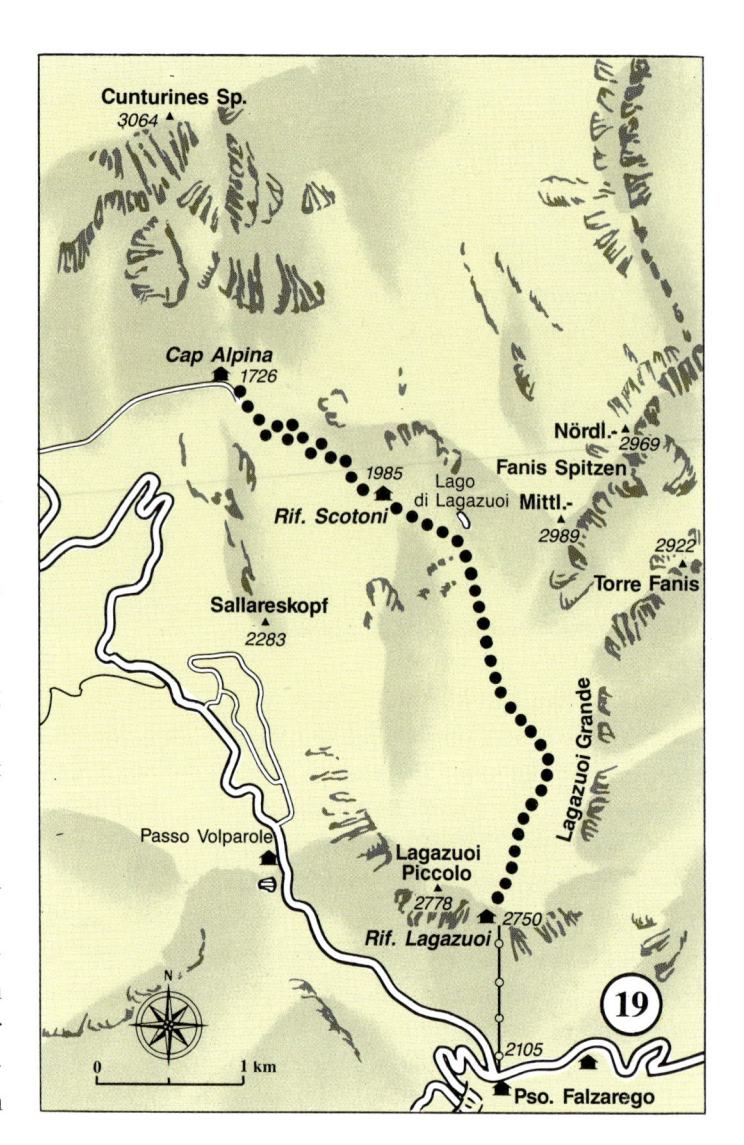

*Blick vom Lagazuoi zur Marmolada –
über den Schlerndolomitgipfel des Sasso di Stria, die
vulkanischen Gesteine von Col di Lana und Padonkamm
zum Kalk des höchsten Dolomitengipfels.*

Abflachung. Abstecher nach links gegen die senkrechten Felswände zum in Latschenbestände eingebetteten Lagazuoisee (½ Std.; Wasser etwa zwei Zentimeter kalt, aber schön). Nach dem Bad oder nach dem Betrachten derer, die da in nassen Unterhosen über die Felsen balancieren, nach einem ehrfurchtsvollen Blick auf die, die mit zerschundenen Händen in der Luft herumfuchteln, um einem anderen Schweißverklebten seine Route an der Cima Scotoni klarzulegen, geht man relativ gemütlich stetig ansteigend über die einförmige, steinige Hochfläche weiter in Richtung Kleiner Lagazuoi. Ganz klein kann man dort oben die Hütte erkennen, die man, im letzten Stück über einen steilen Geröllhang, nach insgesamt 3 kräftezehrenden Stunden erreicht. Die Mühe lohnt! Nicht nur wegen der sauberen Unterkunft und der guten Verpflegung, sondern vor allem wegen der unbeschreiblichen Aussicht. Abends, wenn die Massen längst wieder im Tal sind, teilt man die große Terrasse vor der Hütte nur noch mit wenigen ähnlich Gesinnten. Fanisgruppe und Großer Lagazuoi, Tofana und Sorapis, der Antelao, tief unten die Cinque Torri, der Averau vor dem riesigen Pelmo, Civetta, Marmolada, weit hinten im Dunst die Pala, der Rosengarten, die Sella, Geisler- und Puezspitzen haben sich rundum versammelt, als schwarze Silhouette die einen, rot aufleuchtend die anderen. Morgen heißt es früh aufstehen, hinaustreten in die Kälte, um die ersten Sonnenstrahlen auf Sella und Marmolada zu sehen und auf dem Gesicht zu spüren.

20 Falzarego – Rifugio Cinque Torri

TOUR 20 IN STICHWORTEN

Zufahrt: Im Gadertal über St. Kassian zum Falzaregopaß und kurz hinunter in Richtung Cortina d'Ampezzo. Oder durch das Pustertal über Bruneck nach Toblach und weiter im Höhlensteintal über das Gemärk bis Cortina d'Ampezzo. Auf der Straße zum Falzaregopaß bis kurz vor die Paßhöhe.
Talort: St. Kassian (siehe Tour 15) oder Cortina d'Ampezzo (1224 m, 8500 Einw.). Der Beiname „Hauptstadt der Dolomiten" sagt schon alles. Nervender Verkehr, Hotels bis zur Luxusklasse, alle Arten von Geschäften, vom Kramerladen bis zur In-Boutique, Bergbahnen, Banken, Ärzte, Museen, Verkehrsamt. Alles was ein Tourist so braucht. Oder auch nicht.
Ausgangspunkt: Parkplatz bei der Bar „Magistrato alle Aque", 1985 m.
Einkehr und Unterkunft: Rifugio Scoiattoli (2225 m, 20 B, Anfang Juli bis Ende September), Rifugio Cinque Torri (2137 m, 16 B, 4 L, 15.6.–30.9.).
Höchster Punkt: Rif. Scoiattoli, 2225 m.
Höhenunterschied: 270 m Aufstieg, 90 m Abstieg.
Gehzeit: 1½ Std.
Karten: f&b S 5, K 55, T 03.
Tourencharakteristik: Gemütliche Wanderung ohne irgendwelche Schwierigkeiten. Der abendlichen Ruhe und des Panoramas wegen für eine Halbtagestour zu schade.

Bei der – rostrot angemalten – Bar Magistrato alle Aque in der vierten Rechtskurve unterhalb des Falzaregopasses (Richtung Cortina) läßt man das Auto stehen und geht ein kurzes Stück die Straße hinunter bis zur nächsten Kurve, wo ein Schild und die Markierung 440 den Weg zu den Cinque Torri und zum Nuvolao weisen. Über den Bach und mäßig ansteigend durch lichten Wald in einen Schuttkessel unterhalb des Averau, wo der Weg breiter wird und nur mehr wenig ansteigend hinüberführt zum Rifugio Scoiattoli (1 Std.). Kurz vor der Hütte zweigt der Weg Nr. 439 ab zur Forcella Nuvolao und weiter zur Hütte auf dem gleichnamigen Berg. Würde man sie nicht längst sehen, könnte man sie hören – oft jedenfalls. Laute Gesänge künden von den Wonnen der Aussicht (die der vom Lagazuoi allerdings um einiges nachsteht) und vom Genuß hochprozenti-

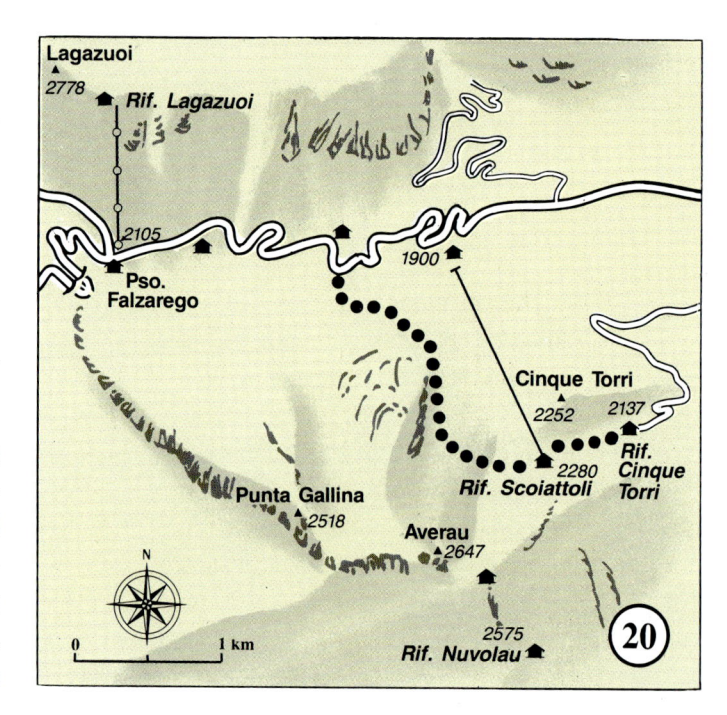

Kontraste. Zierliche Türmchen, ein Teil der Cinque Torri, und die Riesenklötze der Tofanen.

gen Stoffes (sicher mitgebracht, da sonst unerschwinglich). Wie dem auch sei, unser Interesse gilt den Cinque Torri, einem bizarren Haufen wild hingewürfelter Steintrümmer. Riesenspielzeug. In diesem Klettergarten spielen allerdings Zwerge. Viele bunte Gestalten turnen an den Türmen – und eine Horde seltsam unmodisch gewandeter olivgrüner Herren. Das hämmert und klirrt, schreit und gestikuliert, bis gegen Abend wieder Ruhe einkehrt (und der Enzian in den Schankstuben und auf den Wiesen nicht mehr sicher ist). Die Autos verschwinden vor der Cinque-Torri-Hütte und der Tag endet gemütlich im alten Gemäuer. In großen Zimmern voll antiquierten Mobiliars verbringt man die Nacht. Der Sonnenaufgang kann direkt aus den Federn begutachtet werden. Nach dem Frühstück geht es nochmal die Viertelstunde zu den Türmen hinauf, in aller Stille. Die Sonne trocknet den Wiesenkessel, aus dem die Spielzeugtürme ragen. Spielzeug? Wenn man den Kopf nach links wendet und die gewaltige Kaverne der Südwand der Tofana di Rozes bestaunt, schon.

21 Passo Giau – Rifugio Palmieri

TOUR 21 IN STICHWORTEN

Zufahrt: Im Pustertal bis Toblach. Im Höhlensteintal weiter bis Schluderbach und über das Gemärk nach Cortina d'Ampezzo. Oder ab Schluderbach, länger, aber landschaftlich reizvoller, nach Misurina und über den Tre-Croci-Paß nach Cortina. Durch das Einbahnstraßensystem in Cortina weiter in Richtung Falzaregopaß und bei Pocol links ab, hinauf zum Passo Giau.
Talort: Cortina d'Ampezzo (siehe Tour 20).
Ausgangspunkt: Parkplatz auf der Giau-Paßhöhe, 2236 m.
Einkehr und Unterkunft: Rif. Passo Giau (2236 m, Anfang Juni bis Ende September), Rif. Palmieri (2046 m, 13 B, 33 L, 20.6.–20.9.).
Höchster Punkt: Forcella Giau, 2360 m.
Höhenunterschied: 300 m Aufstieg, 490 m Abstieg.
Gehzeit: 2 Std.
Karten: f&b S 5, K 55, T 03.
Tourencharakteristik: Unschwierige, kaum anstrengende Wandertour mit landschaftlichen Höhepunkten. Mit Rückweg auf der gleichen Route ist der Tag ausgefüllt.

Tofana di Mezzo, bleicher Berg.

Vom Parkplatz auf der Paßhöhe führt der Weg (Markierung 436) einige Schritte hinauf, vorbei an einer Kapelle und dann in ebener Wanderung südseitig um den Grasbuckel des Col Piombin. Es folgt ein kurzer Abstieg in einen Wiesenkessel, und im Gegenanstieg etwas steil hinauf (bei Nässe rutschig) erreicht man die Forcella Giau (¾ Std.). Ein paar Schritte weiter und man blickt auf die buckligen weiten Weiden der Malga Mondeval. Verstreut liegen einige große Felstrümmer in den Wiesen, der kleine Lago delle Baste blinkt herauf, und über allem steht großartig der wuchtige Klotz des Monte Pelmo. Ein wunderschönes Bild. Leider bietet der See aus der Nähe nicht das erhoffte Pelmo-Bild, da er in einer Senke liegt, hinter deren Rand der Berg fast ganz verschwindet. Bleiben wir also oben und nehmen den unmarkierten, aber nicht zu verfehlenden Weg unterhalb der Wände des Monte Formin. An einem Bach entlang erreicht er ohne viel Höhenverlust den Einschnitt eines weiteren Baches, der von der Forcella Rossa herabzieht. Von dort wieder auf Weg 436 etwas holprig hinauf zur Forcella d'Ambrizzola (¾ Std.). Auf breitem Schotterweg (434) geht es von dort gleichmäßig absteigend, direkt vorbei unter den Wänden der Croda da Lago, zum Rifugio Palmieri und zum herrlich zwischen Fels und Wald eingebetteten Federasee (20 Minuten). Der Blick geht zurück zum Becco di Mezzodi, mit dem See im Vordergrund ein bekanntes Dolomitenbild. Über dem Wald, der vom Ampezzotal heraufzieht, stehen Cristallo, Sorapis und Antelao, dazwischen, weiter weg und entsprechend klein, die Drei Zinnen.

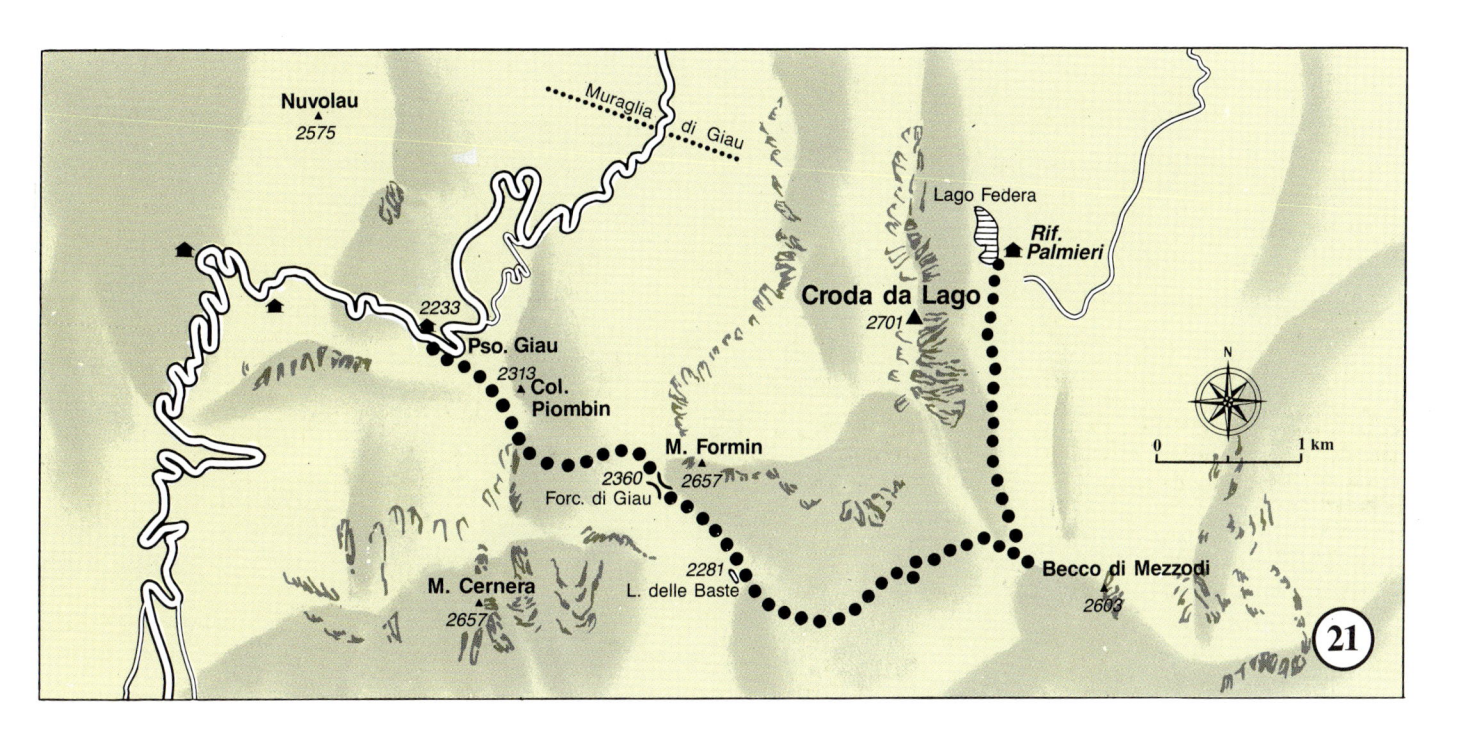

Die Hütte bietet gemütliche Unterkunft, gute Verpflegung und eine kleine, aber feine Sammlung von Megalodonten (versteinerten Muscheln aus der Entstehungszeit der Dolomiten) aus den Wänden der Croda da Lago. Wer nach Cortina hinunter will, kann sich die Anstrengung des Fußmarsches (ca. 3 Std.) sparen und eine Menge Geld ausgeben, um sich im Jeep hinunter auf abenteuerlicher „Straße" durchschütteln zu lassen.

Zur nachfolgenden Doppelseite:
Fährt man über den Passo Giau hinunter ins Cadore,
beginnt südliche Vegetation das Bild zu prägen.

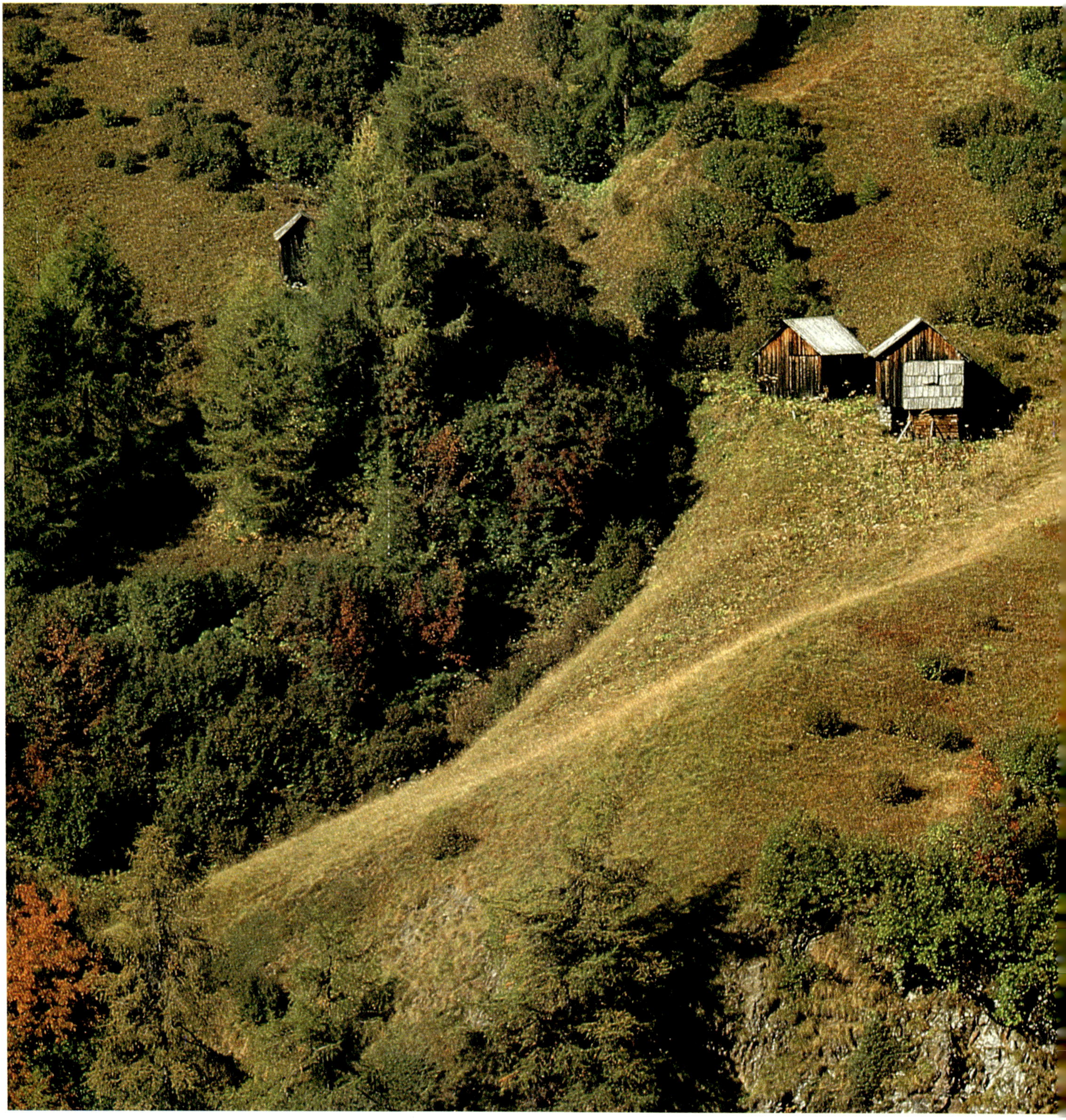

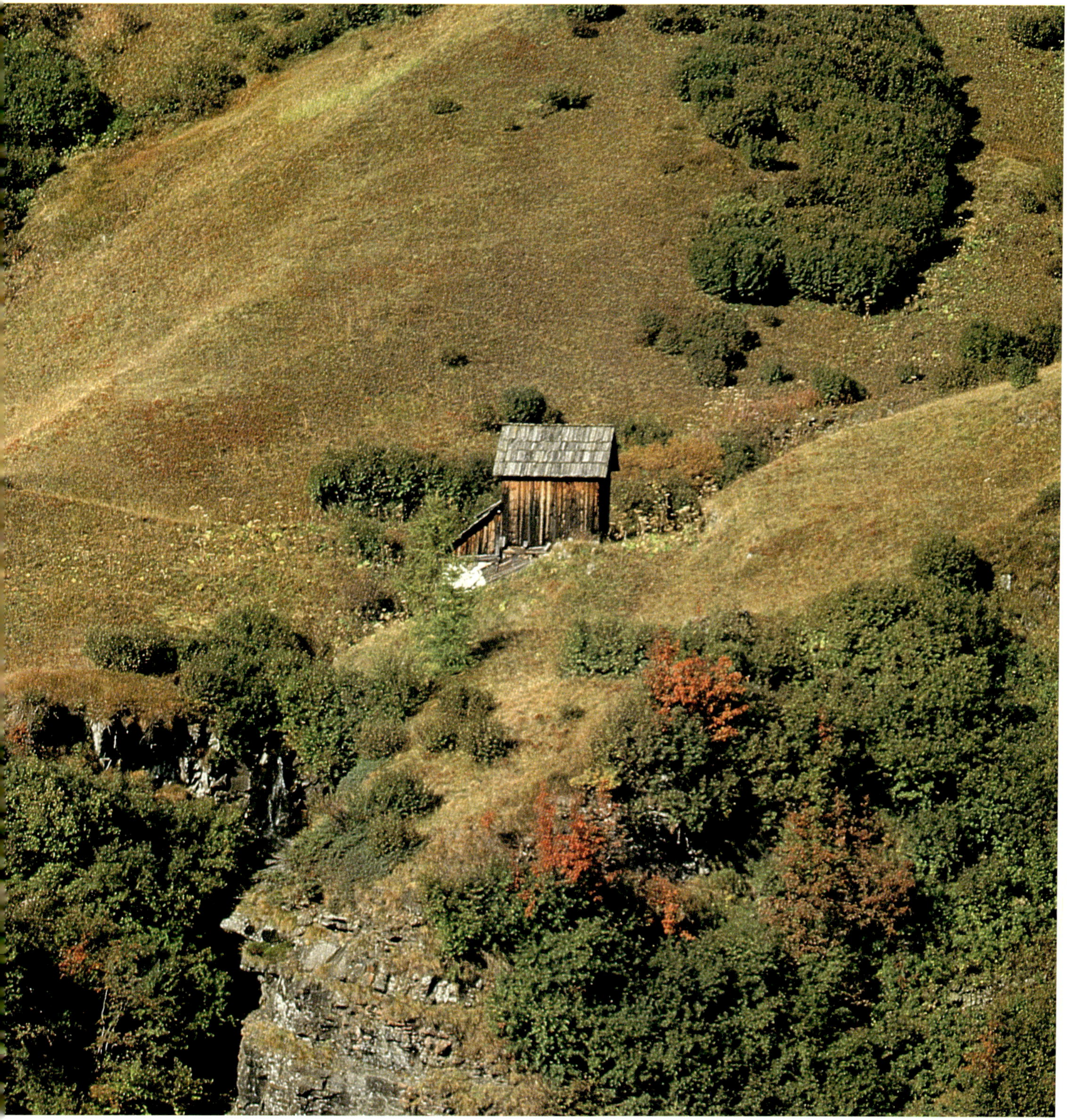

22 Casere di Pioda – Rifugio Tissi

TOUR 22 IN STICHWORTEN

Zufahrt: Von Cortina d'Ampezzo über den Passo Giau nach Selva di Cadore. Dann über den Passo Staulanza zur Hotelsiedlung Palafavera und dort rechts ab auf eine Kiesstraße zu den Hütten von Pioda. Alternativ vom Falzaregopaß über Andraz nach Alleghe.
Talort: Alleghe (979 m, 1800 Einw.), touristisch bestens erschlossen mit allem was dazugehört: Hotels, Geschäfte, Bank, Verkehrsamt, Sessellift – und nicht zuletzt mit dem Alleghesee und dem Gipfel der Civetta, mehr als 2000 m darüber.
Ausgangspunkt: Parkplatz bei den Casere di Pioda, 1892 m.
Einkehr und Unterkunft: Rifugio Coldai (2132 m, 60 B, 30 L, 20.6.–30.9.). Rifugio Tissi (2250 m, 44 B, 15 L, 20.6.–20.9.).
Höchster Punkt: Cima di Col Rean, 2281 m.
Höhenunterschied: ca. 530 m Aufstieg, ca. 150 m Abstieg.
Gehzeit: 2½ Std.
Karten: f&b S 5, K 77.
Tourencharakteristik: Unschwierige, etwas anstrengende Wanderung auf vielbegangenem Höhenweg mit einmaligem Nahblick auf die größte Wand der Dolomiten.

Schon aus der Entfernung wirkt die Civetta gewaltig und eindrucksvoll. Aus der Nähe, auf dem Weg vom Coldaisee zum Rif. Tissi, wird man vom Anblick der 1200 Meter Steilfels schier erdrückt. Von Alleghe aus gibt es mehrere Möglichkeiten, den beachtlichen Höhenunterschied hinauf zum Col Rean zu überwinden, zu Fuß oder bequem – aber mit Umweg – per Sessellift zum Col di Baldi. Man kann die Tour auch von der „Rückseite" der Civetta aus angehen, aus dem oberen Val di Zoldo heraus. Von der Hotelsiedlung Palafavera führt eine schmale Straße über den Col Marin bis zu ein paar Hütten, den Casere di Pioda. Von dort zu Fuß weiter auf steinigem Weg (564) mit viel Begleitung im Zickzack 300 Meter höher zum Rif. Coldai (¾ Std.). Mit Blick auf die Westwände des Pelmomassivs kann man dort gut eine Verschnaufpause einlegen, ehe man kurz weiter aufsteigt zur Forcella Coldai und ebenso kurz wieder hinunter zum Lago Coldai (¼ Std.). In Schrägansicht baut sich erstmals in voller Größe die Civetta über dem See auf. In früheren Zeiten wäre vielleicht der Schauder beschrieben worden, der manchen bei diesem Anblick erfaßt haben mag. Heute erschau-

Am Monte Pelmo explodiert die Sonne.

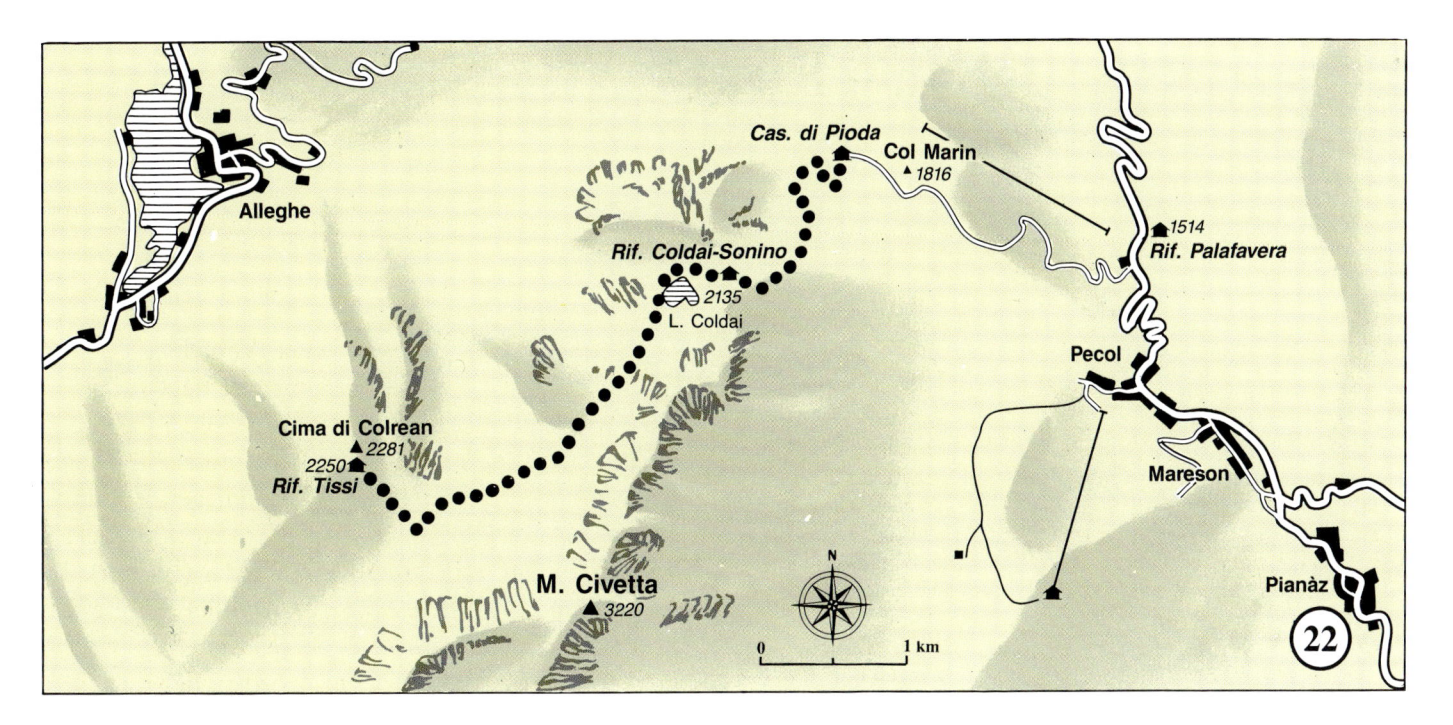

dert wohl nur, wer sich in die eiskalten Fluten begibt, die aus den sommerlichen Schneeresten ringsum gespeist werden. Wieder folgt ein kurzer Aufstieg aus dem Kessel, in dem der See liegt, danach geht es über Stock und Stein 100 Höhenmeter abwärts, und man gewinnt ein wenig Abstand von der riesigen Felsmauer, muß sich zum Schauen den Hals nicht mehr so verrenken. Die Querung zahlreicher Restschneefelder in Wandnähe, um weniger an Höhe zu verlieren, ist nicht ratsam. Die 200 Höhenmeter wieder hinauf zur Tissihütte (Wegweiser 2) schafft man auch noch (1½ Std.). Für das etwas anstrengende Auf und Ab belohnt der Blick hinüber zur Civetta allemal. Aus der gigantischen zerfurchten Mauer tönt der Absturz der Schmelzwässer herüber. Die Steigspuren im steilen Schneefeld mitten in der Wand machen – mich zumindest – beklommen. Aus dem Torre di Valgrande klingen Hammerschläge. Mit dem Fernglas läßt sich erkennen, daß dort mitten in der Wand jemand zu übernachten gedenkt. Mir ist das saubere Lager in der Hütte lieber. Mir genügt der Blick vom Gipfel der Cima di Col Rean 1300 Meter tief hinunter zum Alleghesee, hinüber zur Pala, zur Marmolada, zu den Tofanen, dem ganzen Kranz der Ampezzaner Berge bis zurück zum Pelmo und wieder staunend zur Civetta, an der langsam Nebel hochziehen, sie blaßrosa umhüllen.

23 Ra Stua – Rifugio Fodara Vedla

TOUR 23 IN STICHWORTEN

Zufahrt: Zwischen Schluderbach und Cortina zweigt unterhalb der Ruine Peutelstein von der großen Straßenkehre eine schmale Straße rechts ab, hinauf zur Alpe Ra Stua.
Talort: Cortina d'Ampezzo (siehe Tour 20).
Ausgangspunkt: Parkplatz Ra Stua, 1668 m.
Einkehr und Unterkunft: Almwirtschaft Ra Stua, Rifugio Fodara Vedla (1966 m, 20 B, 10 L, 10.6.–2.10.).
Höchster Punkt: Fodarajoch, 2010 m.
Höhenunterschied: 340 m Aufstieg.
Gehzeit: 1½ Std.
Karten: f&b S 5, K 55, T 03.
Tourencharakteristik: Wenig anstrengende und wenig begangene, leichte Wanderung mit Blick auf die „volle Breitseite" der Gruppe der Hohen Gaisl.

Von der Straße zwischen Toblach und Cortina d'Ampezzo zweigt bei einer Kehre unterhalb der Ruine Peutelstein ein schmales, geteertes Sträßchen ab zur Alpe Ra Stua. Wenn man Glück hat, hält sich der Gegenverkehr in Grenzen und man erreicht die Alm ohne mehrmaliges Rückwärtsrangieren zwischen bewaldeter Felswand einerseits und bewaldetem Abgrund andererseits. Bei der Alm weitet sich das Vallon Scuro. Durch das Weidegatter geht es nur noch zu Fuß weiter. Auf breitem Weg (Markierung 6), den nur noch die Hüttenwirte und Almbauern befahren, gelangt man zum Campo Croce (½ Std.). Geradeaus weiter führt der Weg zur Senneshütte und zum Seekofel. Wir queren nach links auf einer Holzbrücke über den Boite und nehmen den Steig 9, der sich einigermaßen steil 200 Höhenmeter durch den Wald hinaufwindet zu einer Terrasse, wo die Bäume spärlicher und die Ausblicke dafür wieder zahlreicher werden (¾ Std.). Unweit vom Weg kann man über große rinnenzerfurchte, verkarstete Kalkplatten turnen. Die hügelübersäte Wiesenmulde, durch die man wandert, bietet mit den kleinsten Senken regelrechte Fernsehsessel. Auf dem Programm steht die Aussicht vom grauplattigen Seekofel über die gelben Schutthänge der Kleinen Gaisl bis zur rostroten Schwester, der Hohen Gaisl. Vorbei an einem grünen, verlandeten – auf den Karten

Rillenkarst auf Sennes.

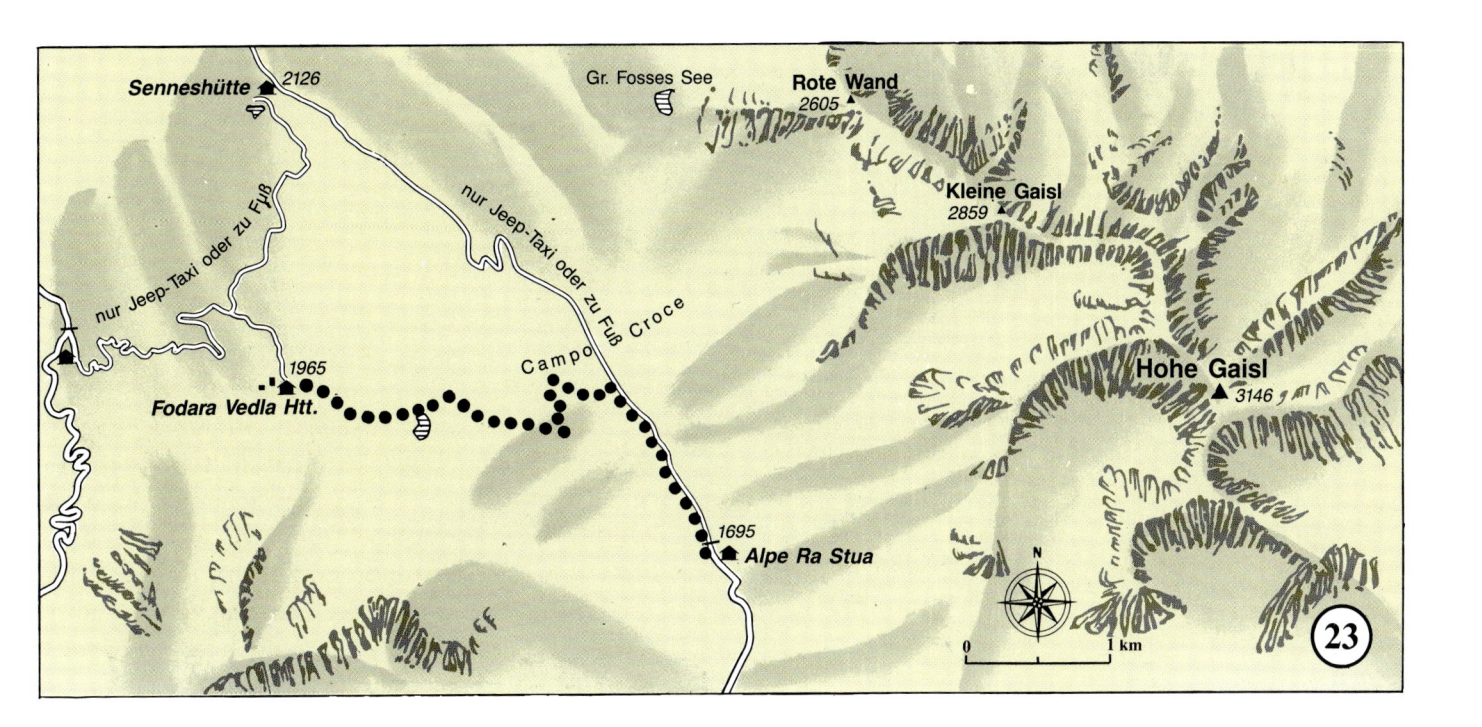

noch blau, als Gewässer markierten – Grassee erreicht man auf fast ebenem Weg die große, komfortable Fodara-Vedla-Hütte (20 Minuten). Wer die Hohe Gaisl rot glühen sehen will – entsprechende Wetterbedingungen vorausgesetzt –, bleibt auf der Hütte und macht einen Abendspaziergang zurück zum „See".

Wer lieber morgens die Neunerspitze in der Fanesgruppe aus ungewohnter Sicht rosa leuchten sehen möchte, geht weiter über die Senneshütte (9, dann 7) zum Rif. Alpe di Sennes (1½ Std.). Wie auch immer, im Umkreis der Sennesalpe findet jeder sein einsames Plätzchen mit spektakulären Ausblicken.

24 Plätzwiesen – Strudelköpfe

TOUR 24 IN STICHWORTEN

Zufahrt: Aus dem Pustertal ins Pragser Tal. Am Informationshäuschen, wo sich die Straße gabelt, links nach Bad Altprags und weiter zum Gasthof Brückele. Eine Informationstafel gibt dort Auskunft über die weitere Befahrbarkeit bis zu den Parkplätzen auf Plätzwiesen.
Talort: Gemeinde Prags (1221 m, 800 Einw.). In den im Tal verstreut liegenden kleinen Gemeindeteilen findet man Unterkünfte verschiedener Kategorien, kleine Geschäfte für den Verpflegungsnachschub, Bank und Verkehrsamt.
Ausgangspunkt: Parkplatz Plätzwiesen, 1980 m.
Einkehr und Unterkunft: Plätzwiesenhütte (2000 m, 14 B), Hotel Hohe Gaisl (2000 m, 60 B), Dürrensteinhütte (2040 m, 12 B, 16 L). Alle ganzjährig bewirtschaftet.
Höchster Punkt: Strudelkopf, 2307 m.
Höhenunterschied: 330 m Auf- und Wiederabstieg.
Gehzeit: gut 1½ Std. (einfach).
Karten: f&b S 3, K 57, T 03.
Tourencharakteristik: Höchstens ein anspruchsvoller Spaziergang in großartiger weiter Landschaft mit herrlichen, teils ungewohnten Aussichten auf berühmte Gipfel.

Aus dem Pustertal fährt man hinter Welsberg rechts ab ins Pragser Tal nach Bad Altprags und von dort weiter zum Gasthof Brückele, wo man sein Auto abstellen und die 500 Höhenmeter zum Plätzwiesensattel auch zu Fuß bewältigen kann. Allerdings auf geteerter Straße. Mit dem eigenen Pkw jedoch nicht zu jeder Tages- bzw. Jahreszeit. Die ganz oben recht schmale Straße endet bei zwei Parkplätzen. Wer oben übernachten will, kann noch bis zum Hotel Hohe Gaisl weiterfahren, dann gehört die Kiesstraße den Wanderern und den wenigen Fahrzeugen der Bauern und Jäger und der Wirtsfamilie der Dürrensteinhütte. Von dort weiter hinunter nach Schluderbach führt zwar nach wie vor die Straße, sie ist allerdings seit langem für jeden

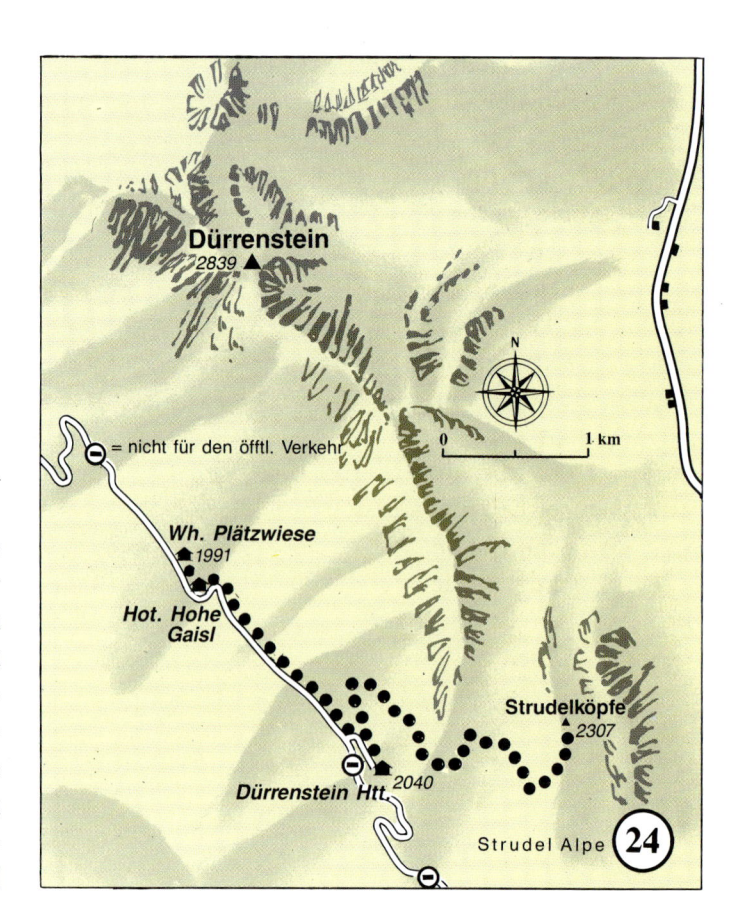

Verkehr gesperrt, was leider die wenigsten Karten und nur manche Motorradfahrer berücksichtigen. Autos kommen jedenfalls an den Eisenpfosten nicht vorbei. Schließlich ist das Gebiet geschützter Naturpark. Das allerdings schon vom Brückele ab! Vom Parkplatz wandert man einfach der Straße nach immer flach dahin, vorbei an einem hübschen Gedenkstein, gekrönt von einer zierlichen Granate, vorbei an der Plätzwiesenhütte und dem Hotel Hohe Gaisl – vor dem der erste Strom Mitwanderer schon mal zur Dürrensteinbesteigung abbiegt – bis zur Dürrensteinhütte (½ Std.). eine wunderschöne Landschaft liegt vor uns ausgebreitet. Die grünen, blühenden oder noch reifbedeckten Plätzwiesen und darüber wuchtig die Hohe Gaisl. Bei der Dürrensteinhütte taucht zackig der Cristallo über dem Seelandtal auf. An der Ruine des Sperrforts, aus dem immer noch Rauch aufsteigt – vom Generator der Dürrensteinhütte – muß man halt vorbeischauen, der Cristallo kommt weiter oben sowieso noch schöner ins Bild. Bei der Hütte wendet sich der Weg (34) zunächst zurück, dem Dürrenstein mit seiner kahlen Westflanke zu. Dann geht es gemächlich dem holprigen Pfad folgend über Wiesen auf die Strudelköpfe zu, grasbewachsene Hügel, deren höchster mit einem großen Kreuz bepflanzt ist, zum Gedenken an die, die den Weltkriegswahnsinn mehr oder weniger heil überstanden haben und heimgekehrt sind. Das Schönste an den Strudelköpfen ist allerdings, daß sie wenig besucht sind. Wer früh genug oben ist, kann den Gemsen zwischen den Latschenfeldern beim Frühstück zusehen. Daneben bieten die Strudel-

Im Anstieg zum Dürrenstein. Blick auf die Drei Zinnen.

almen ausreichend Platz für jedermanns eigenes Brotzeitterritorium, wo man ganze Nachmittage sonnenbeschienen verträumen kann. Dazu kommt eine phantastische Schau auf die Drei Zinnen mit den gesamten Sextener Dolomiten, zum Cristallo, zu den Tofanen und zur Hohen Gaisl. Das Ganze gemütlich in 2 Stunden erwandert, ganze 300 Meter über dem Ausgangspunkt. Man sollte auf einer der drei einfachen bis komfortablen Hütten übernachten, um die Abendsonne auf den Drei Zinnen aus ungewöhnlicher Perspektive spielen zu sehen. Am nächsten Morgen dann früh raus, um das gleiche Schauspiel an der Hohen Gaisl zu erleben.

25 Drei-Zinnen-Runde

TOUR 25 IN STICHWORTEN

Zufahrt: Aus dem Pustertal über Toblach nach Schluderbach und weiter nach Misurina. Vor dem See links ab und auf der steilen Mautstraße bis zu den Riesenparkplätzen unterhalb der Auronzohütte.
Talort: Cortina d'Ampezzo (siehe Tour 20). Talort für das Drei-Zinnen-Gebiet ist natürlich auch Sexten, wobei für die beschriebene Rundtour wegen des langen Zustiegs und Abstiegs eine Übernachtung auf einer der Hütten in jedem Fall ratsam ist. Sexten (1316 m, 1800 Einw.) bietet alles was der Urlauber braucht, auch einen ADAC-empfohlenen Campingplatz.
Ausgangspunkt: Parkplätze bei der Auronzohütte, 2310 m.
Einkehr und Unterkunft: Rif. Auronzo (2320 m, 60 B, 50 L, 1.6.–30.9.), Rif. Lavaredo (2344 m, 30 B, 15 L, Mitte Juni bis Mitte Oktober), Büllelejochhütte (2528 m, 12 L, 20.6.–20.9.), Drei-Zinnen-Hütte (2405 m, 100 B, 100 L, 20.6. bis zum letzten Samstag im September).
Höchster Punkt: Büllelejoch, 2528 m.
Höhenunterschied: 520 m Aufstieg, 520 m Abstieg.
Gehzeit: ca. 5 Std.
Karten: f&b S 10, K 58, T 010
Tourencharakteristik: Längere Tagesrundtour, unschwierig, aber etwas Ausdauer und Wandererfahrung nötig. Die Drei Zinnen muß man einmal im Leben im Original gesehen haben.

Ruhe und Einsamkeit im Umkreis der Drei Zinnen? Vielleicht noch mitten im August? Der Parkplatz am Ende der Mautstraße, die Auronzohütte, der Weg zum Paternsattel und weiter zur Drei-Zinnen-Hütte verheißen nichts Gutes, außer dem Anblick der Drei Zinnen selbst. Wer allerdings langsam ein Gespür entwickelt hat, wo er unvergleichliche Ausblicke ganz allein in vollen Zügen genießen kann, wird auch hier seinen Platz finden, ob im Süden oder im Norden. Es gibt genügend. Der Information halber begeben wir uns auf eine der üblichen Runden. Unvermeidlich ist der breite, ebene Weg (101, nicht mal bei Nebel oder Schneetreiben zu verfehlen) entlang der Südwände der Drei Zinnen von der Auronzo- bis zur Lavaredohütte (½ Std.), es sei denn, man geht über die Lange Alpe. Kapelle, Grohmanndenkmal, Autoschrott und aller erdenkliche Abfall säumen die Aufmarschallee. Den Höhepunkt, die schönste Müllhalde der Welt, finden wir auf dem Paternsattel. Allerdings auch den berühmten Blick aus der Nähe in die gestaffelten Nordwände der Zinnen. Der Abstecher lohnt also, naturkundlich wie gesellschaftswissenschaftlich. Auf dem Weg (104) von der Lavaredo-Hütte zum Büllelejoch wird der Trubel schon weniger. Auf etwas schmälerem Weg steigt man südseitig der Passportenköpfe ab, vorbei am kleinen Lago di Lavaredo und später eben hinaus zum Boden eines felsumrahmten Kessels mit dem Lago di Cengia. Von dort auf unschwierigem Steig durch Geröll hoch zum Büllelejoch und kurz über ein ausgesprengtes Felsband zur Hütte (1½ Std.) mit Blick auf die Felswildnis der östlichen Sextener Dolomiten, auf Elferkofel und Hochbrunner Schneid und den fast zum Greifen nahen Zwölferkofel. Von der Hütte zurück zum Joch und auf Weg Nr. 101 einem weiten, schluchtartigen Einschnitt folgend hinunter zum Weg oberhalb der Bödenalpe. Die Bödenseen passiert man hoch oben im Geröll, das von den Bödenknoten herabzieht, und erreicht den Toblinger Riedel mit der Drei-Zinnen-Hütte (1 Std.). Trotz mancher Widrigkeiten ist der Platz ein Muß in den Dolomiten. Nicht auszudenken, würden die Drei Zinnen statt aus ihrer selbstproduzierten Geröllhalde etwa aus den Blumenwiesen der Seiser Alm wachsen. Aber auch so, und speziell im Abendlicht, stehen sie grandios in der Landschaft. Weniger beachtet, fast filigran gegen die Zinnen und vielleicht noch schöner zieht zur Linken, mit unzähligen Türmen gespickt, der Grat des Paternkofels in den Himmel. Ganz weit draußen über der Langen Alpe zeigt sich der Schattenriß der Hohen Gaisl. Auch ohne auf der lauten Hütte zu übernachten kann man die letzten Sonnenstrahlen die Zinnen hinaufklettern sehen. Über den Paternsattel kommt man noch allemal bei Licht, und den Weg von dort zur Auronzohütte findet man auch im Dunkeln. Um die Drei-Zinnen-Runde abzuschließen, sollte man aber doch den Weg über die Lange Alpe wählen (105), gegen Abend kaum noch begangen. Von der Zinnen-Hütte über die Karrenterrassen absteigen in einen weiten Wiesenkessel. Im Rückblick erscheint – jetzt ganz schön wuchtig – die Westwand des Paternkofels. Jenseits kurz wieder hinauf und durch Latschenbestände auf gut markiertem Weg zu den winzigen Seen und den wenigen Almhütten. Zwar kommt man den Drei Zinnen dabei etwas näher, gleichzeitig verliert ihre Gestalt aber ein wenig das Ebenmaß, daß den Anblick vom Toblinger Riedel auszeichnet. Nach ca. 1½ Std. erreicht man die Forcella Col di Mezzo, und in einer weiteren knappen halben Stunde, unterhalb der gestuften Wand des Sasso die Landro entlang, hat einen der mehrstöckige Parkplatz wieder.

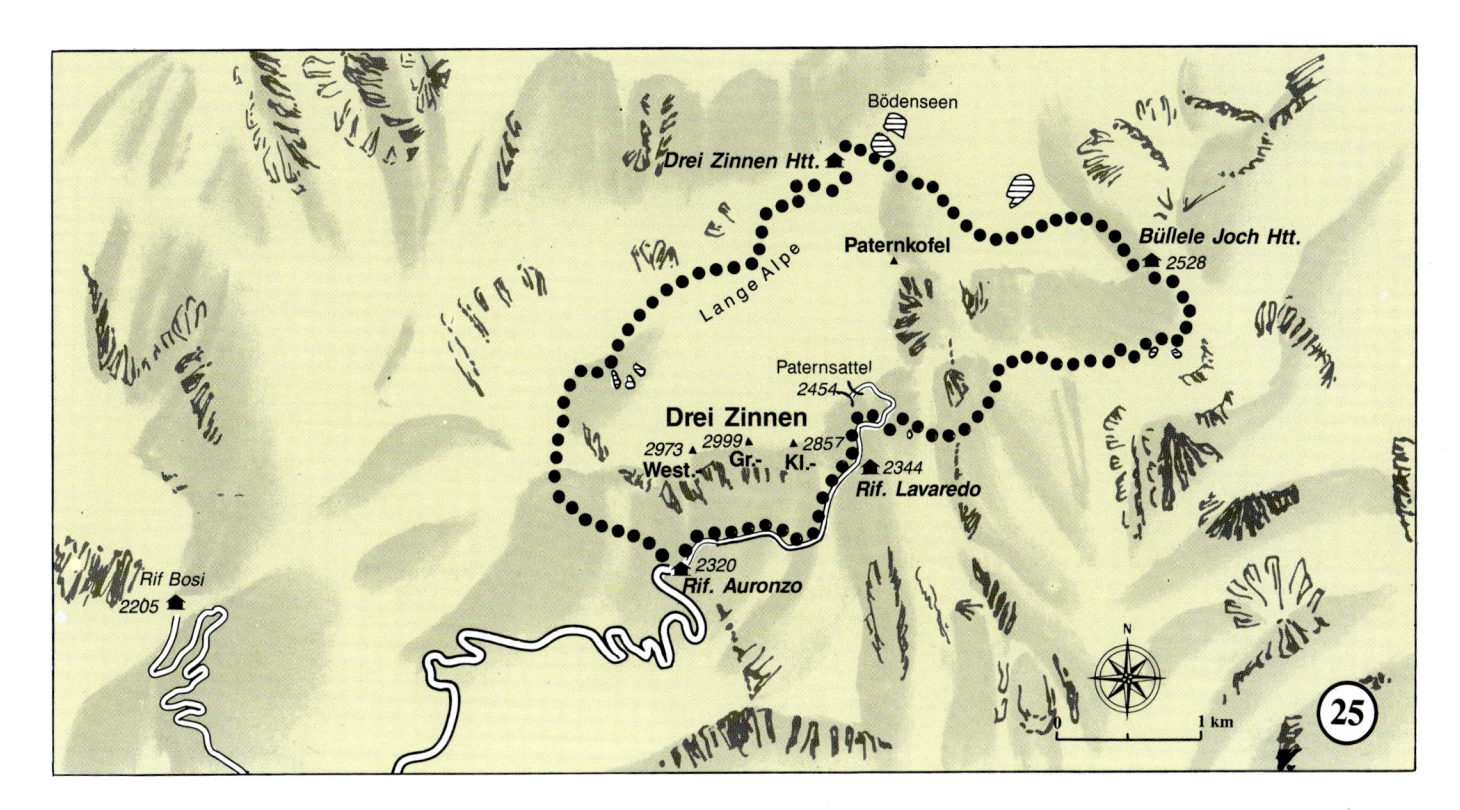

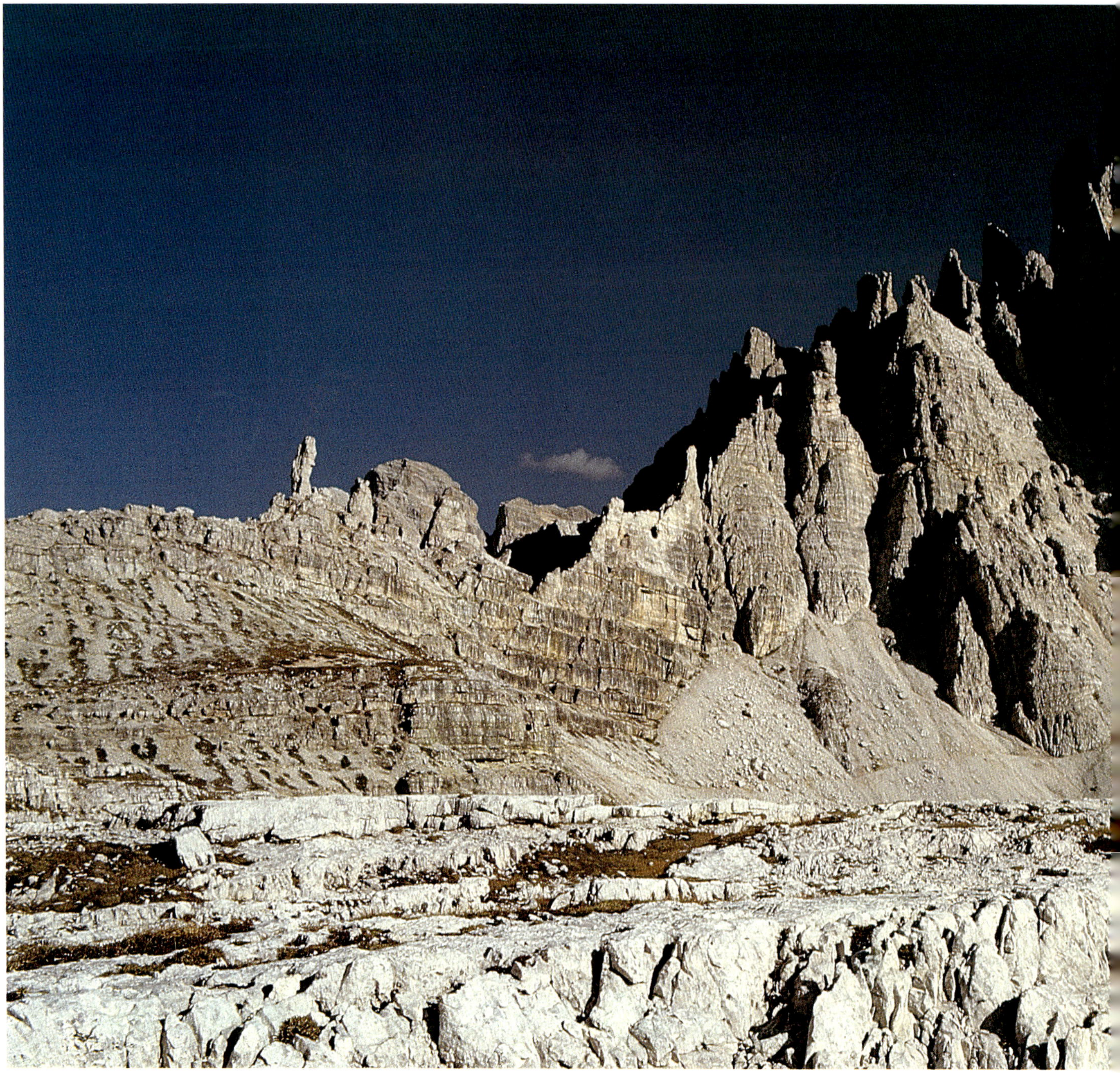

*„Frankfurter Würstl"
neben „Buddha". Mord
und Totschlag (legalisiert)
vorbei, abgelöst durch
ein Bild von Ruhe und
Frieden. Der Paternkofel.*

Literatur

Delago, Herrmann: Dolomitenwanderbuch, Tyrolia, Innsbruck 1989.

Hauleitner, Franz: Das große Buch der Dolomiten-Höhenwege, Rother, München 1988.

Hauleitner, Franz: Dolomiten, Rother Wanderführer, München 1986.

Heissel, Werner: Südtiroler Dolomiten, Sammlung geologischer Führer, Bd. 71, Borntraeger, Bozen 1982.

Hüsler, Eugen: Gipfelziele Dolomiten, Bruckmann, München, 1989.

Kammerer, Hans: Hüttenführer Südtirol, Verlag J. Berg, München 1991 (= Schutzhüttenführer Südtirol, Tappeiner Verlag, Bozen 1991).

Kammerer, Hans: Reihe: Südtirol für Bergwanderer;
Band 5, Südwestliche Dolomiten: Schlern, Rosengarten, Latemar;
Band 6, Nordwestliche Dolomiten: Geisler, Puez, Fanes, Sennes, Sella;
Band 8, Pragser und Sextener Dolomiten, Antholzer und Gsieser Tal;
alle Verlag J. Berg/Tappeiner Verlag, München/Bozen 1989–1991.

Kohlhaupt, Paula: Kleine Dolomitenflora, Athesia, Bozen 1985.

Laner, Messner, Tappeiner: Dolomiten. Neue Perspektiven, Tappeiner, Bozen 1988.

Langes, Gunther: Ladinien, Reihe Südtiroler Landeskunde, Athesia, Bozen 1985.

Mangold, Guido: Die Dolomiten, Athesia, Bozen 1988.

Menara, Hanspaul: Höhenwege Dolomiten, Athesia, Bozen 1985.

Perathoner, Caius; Kostner, Adolf Andreas: Ladinisches Vermächtnis, Perkos, St. Ulrich 1984.

Wolff, Karl Felix: Dolomitensagen, Tyrolia, Innsbruck 1981.

Register

für den Wanderteil

Adolf-Munkel-Weg 92, 93
Aferer Geiseln 95
Alba 109
Alleghe 132
Alleghesee 133
Alpe di Sennes, Rif. 135
Alpe Ra Stua 134
Ambrizzola, Forc. d' 128
Andraz 132
Antelao 125,129
Antonispitze 121,122
Armentarola 120
Auronzo, Rif. 138
Auronzohütte 139
Außerraschötz 94
Averau 125, 126

Bad Altprags 136
Bad Ratzes 96, 97
Baita Locia Contrin 109
Baita Robinson 109
Baldi, Col di 132
Becco di Mezzodì 129
Bivacco M. del Bianco 110
Bödenalpe 138
Bödenknoten 139
Bödenseen 138
Boite 121, 134
Bozen 87
Brixen 87, 113
Broglesalm 92, 93, 94, 95
Brogleshütte 92, 94
Broglessattel 94
Brückele 137
Bruneck 87, 126
Buchensteintal 119
Büllelejoch 138
Büllelejochhütte 138
Burgstall 97

Campill 112, 114
Campilltal 112
Campo Croce 134
Canali, Cima 108
Canali, Val 107

Canazei 109
Cant del Gal 108
Cant del Gal, Rif. 107
Capanna Alpina 120, 124
Casere di Pioda 132
Cereda, P.so 107
Ciavazes 103
Cinque Torri 125,126, 127
Cinque Torri, Rif. 126
Civetta 110, 119, 125, 132, 133
Col di Baldi 132
Col di Lana 118
Col di Mezzo, Forc. 139
Col Rean, Cima di 132, 133
Colac 109
Coldai, Forc. 132
Coldai, Rif. 132
Coldaisee 132
Comicihütte 103
Confinboden 99
Contrin, Rif. 109, 110
Contrin, Val 109, 110
Contrinbach 109
Cortina 121,134
Cortina d'Ampezzo 126, 128, 132, 134, 138
Cristallo 129, 137
Croda da Lago 129
Cuecenes 94
Cunturines 113, 117
Cunturinesgruppe 117

Dolomiten-Höhenweg 113
Drei Zinnen 129, 137, 138
Drei-Zinnen-Hütte 138, 139
Dürrenstein 137
Dürrensteinhütte 136, 137
Düsler Alm 92

Eggental 87, 105, 107
Eisacktal 86, 87, 112
Eisengabelspitze 121
Elferkofel 138
Enneberg 122

Falier, Rif. 110, 111
Falzaregopaß 118, 120, 124, 126, 128, 132
Fanesbach 121
Fanesgruppe 135
Faneshütte 120
Fanisgruppe 117, 125
Fassatal 109
Fedaia, P.so 109, 111
Fedaiasee 129
Feltre 113
Fermedahütte 100, 101
Fiera di Primiero 107, 108
Flitzer Scharte 94
Fodara Vedla, Rif. 134
Fodara-Vedla-Hütte 135
Fodarajoch 134
Franzensfeste 87
Freina 114
Friedrich-August-Weg 103
Frötschbach 96
Fünffingerspitze 99
Furchetta 92, 113

Gadertal 87, 112, 114, 116, 118,120, 122, 124,126
Gamsbluthütte 100, 101
Gamssteig 96
Gasthof Brückele 136
Geislerspitzen 90, 92, 95,101, 113, 125
Gemärk 126
Giau, Forc. 128
Giau, P.so 128, 132
Giau, Rif. P.so 128
Gran Vernel 109
Gröden 103
Grödner Tal 87, 99, 100, 101, 109
Grohmannspitze 99
Groß-Fanes-Alm 121
Große Priese 99
Großer Lagazuoi 125
Grünsee 121
Gschnagenhardtalm 92

Günther-Messner-Steig 91
Heiligkreuzkofel 113, 114, 117,122
Herrensteige 90
Hochbrunner Schneid 138
Hohe Gaisl 123, 134, 135, 137, 139
Höhlensteintal 87, 126, 128
Hotel Bewallerhof 105, 106
Hotel Hohe Gaisl 136, 137
Hotel Ikarus 99
Hotel Saltria 99

Incisajoch 118
Innerkoflerturm 99

Joeljoch 114

Karerforst 106
Karerpaß 107
Karersee 105, 106
Kaserilbach 90
Kastelruth 87, 96
Klausen 87, 90
Klein-Fanes-Alm 120, 121
Kleine Gaisl 134
Kleiner Lagazuoi 124, 125
Klieferbach 92
Kofelwiese 91
Kreuzkofeljoch 112, 113
Kronplatz 113
Kukasattel 101

La Varella 117, 122
La Varella, Rif. 120, 122
La-Varella-Hütte 123
Lagazuoi 117, 119
Lagazuoi, Rif. 124
Lagazuoisee 124, 125
Laghetto Welsperg 108
Lago delle Baste 128
Lago di Cengia 138
Lago di Lavaredo 138

Lana, Col di 118
Lange Alpe 139
Langkofel 94, 99, 101, 103,
Langkofelgruppe 109
Langkofelkar 99
Langkofelscharte 103
Latemar 105, 106
Latemartürme 105
Lavaredo, Rif. 138
Lavinoresgruppe 123
Limo, Cima di 121
Limojoch 120, 121
Limosee 121
Loggia, Col 120
Longiarü 112

Malga Ciapela 110, 111
Malga Contrin 110
Malga Mondeval 128
Malga Pradidali 107, 108
Marin, Col 132
Marmolada 94, 109, 110, 111, 117, 125, 133
Marmolada-Südwand 111
Mastlebach 101
Megalodonte 129
Misci 112
Misurina 128, 138
Mittagsscharte 93
Mitterleger 105
Moena 107
Monte Formin 128
Monte Pelmo 128
Monte Pena 99
Monte Sief 118

Neunerplatte 122, 123
Neunerspitze 121, 135
Niederdorf 87
Nuvolao 126
Nuvolao, Forc. 126

Oi, Col da 115
Ombretta, Cime d' 109
Ombretta, P.so 110

143

Pala 108, 125, 133
Palafavera 132
Palmieri, Rif. 128, 129
Pareispitze 121, 122
Parom, Cima 122
Paromsee 122
Passo Rolle, P.so 107, 108
Passo Staulanza, P.so 132
Passportenköpfe 138
Paternkofel 139
Paternsattel 138, 139
Pederü 120
Pedraces 114, 115, 116
Peitlerkofel 112, 113
Pelmo 125, 133
Penia 109
Pescol 114, 115
Petz 96, 97
Peutelstein 134
Piazza del Diavolo 108
Pic 100, 101
Piccolein 112, 114
Pierini 108
Piombin, Col 128
Piz Sorega 116
Plattkofel 99
Plätzwiesen 136, 137
Plätzwiesenhütte 136, 137
Plätzwiesensattel 136
Pocol 128

Ponte di Riofosco 114
Pradidali, Val 108
Pradidalibach 108
Pragser Tal 87, 136
Pralongia 116
Pralongia, Rif. 116, 118
Pralongiahütte 117
Proßliner Steig 96, 97
Puezgruppe 117
Puezspitze 125
Punta Penia 110
Puntac 115
Pustertal 87, 112, 126, 128, 136, 138

Raiser, Col 100
Ranui 92, 95
Raschötz 94, 95
Raschötzhütte 94
Rautal 122
Rosengarten 97, 110, 125
Rossa, Forc. 128
Rueffen 91
Rueffenberg 90

Saleibach 104
Saltner Schwaige 94, 99
San Martino di Castrozza 107, 108
Sangonhütte 100

Santnerspitze 97
Sass Maor 108
Sass Pordoi 104
Sass Rigais 92
Sass Songher 117
Sasso di Landro 139
Sasso Vernale 109
Schlern 94, 97, 99, 101
Schlernbodenhütte 96
Schlernhaus 96, 97
Schluderbach 128, 134, 136, 138
Schlüterhütte 112, 113
Scoiattoli, Rif. 126
Scotoni, Cima 125
Scotoni, Rif. 124
Scuro, Vallon 134
Seceda 94, 101
Seekofel 134
Seis 87, 96, 97
Seiser Alm 94, 97, 99
Sella 94, 101, 117, 125
Sellajoch 103, 104
Sellajochhaus 103, 104
Sellajochstraße 103
Sellaturm 103
Selva di Cadore 132
Sennehütte 134, 135
Seres 112
Settsass 117, 118, 119

Sexten 138
Sextener Dolomiten 137
Siefsattel 118, 119
Sorapis 125, 129
Sotgherdena 115
St. Christina 99, 100
St. Kassian 116, 117, 118, 120, 122, 124, 126
St. Leonhard 114
St. Lorenzen 87
St. Magdalena 90, 91, 92
St. Martin 112, 114
St. Peter 90, 92
St. Ulrich 94, 99, 100
St. Vigil 122
Steinerne Stadt 103
Stern 116
Stevia 101
Strudelalm 137
Strudelkopf 136, 137

Tagedajoch 121
Thurn 112, 114
Tissi, Rif. 132
Tissihütte 133
Toblach 87, 126, 128, 134, 138
Toblinger Riedel 139
Tofana 113, 117, 125, 133, 137

Tonadico 107, 108
Torre di Valgrande 133
Touristensteig 96
Tre-Croci-Paß 128

Untermoi 112

Valentini, Rif. 104
Valparola, Rif. 118, 119
Valparolapaß 120
Vigilbach 121, 122
Vigio di Fassa 107
Villnöß 95
Villnößtal 87, 90, 92

Waidbruck 87, 96
Weißbrunn 93
Welsberg 87, 136
Welschnofen 105
Wolkenstein 100, 101, 103, 104, 109

Zahnkofel 99
Zanser Alm 90, 91
Zanser Bach 92
Zehnerspitze 121
Zoldo, Val di 132
Zwischenwasser 112, 122
Zwölferkofel 138